타인을 안다는 착각

TANIN NO KABE

Original Japanese edition published in 2017 by SB Creative Corp.
Korean translation rights arranged with SB Creative Corp., Tokyo
through Eric Yang Agency Co., Seoul.

나, 사람, 세상을 '알아야 한다'는 강박 때문에 불안한 사람들

타인을 안다는 착각

요로 다케시·나코시 야스후미 지음 | 지비원 옮김

차례

2장 · 이해와 오해 사이

3장 · 해보지 않아도 다 안다는 착각

4장 · 알려고 애쓰기보다 행동하라

5장 · 세계화는 절대적인 정의인가

6장 · 의미를 찾다 감각을 잃어버린 사람들

타인을 알고 싶은 나

알다가도 모르겠는 너

나코시 '타인의 마음을 이해하고 싶다', '상대방을 잘 모르겠다', '어떻게 하면 사람을 이해할 수 있을까' 하고 고민하는 사람이 요즘은 무척 많은 듯합니다.

요로 저는 왜 꼭 타인에 대해 알아야 하느냐고 묻고 싶군요. 알지 못해도 서로 부딪히지만 않으면 되는 겁니다. 나는 이 길로 가고, 당신은 저 길로 간다. 그러기만 하면 아무런 문제도 없고 또 그게 자연스러운 인간의 생활이라고 생각합니다만.

나코시 요컨대 요로 선생님 말씀은 알지 못해도 좋으니 같은 방향으로 가다가 부딪히지만 않도록 서로 조정하면 된다는 뜻인가요?

요로 맞아요. 요점은 그게 전부입니다. 상대방이 내보내는 사인 같은 게 몇 가지 있겠지요. 그것만 파악해두면 됩니다. '아, 이 사인이 나왔을 때는 말을 걸지 않는 게 좋겠다'라든가 '지금은 다가가지 않는 게 좋겠다'라는 식으로 말이지요. 정말로 타인을 깊이 알고자 한다면 무척 어렵고 힘듭니다. 저는 아내와 같이 산 지 몇 십 년이 되었는지 기억도 못 할 정도로 오랜 시간을 함께했지만 여전히 아내를 잘 모르겠어요. 집에서 키우는 고양이는 알지도 모르지요. 우리 집 고양이는 꽤 수다스럽거든요.

나코시 방금 요로 선생님이 사인이라고 말씀하셨는데 자주 사용하는 중요한 사인은 기껏해야 대여섯 개가 아닐까 싶습니다. 좀 초조하다든가, 지금은 말하고 싶지 않다든가.

그 정도만 알아두었다가 상대방의 사인을 눈치채고 그걸 거스르려 하지 않는다면 대부분은 아무런 문제가 없을 거라는 생각이 드네요.

요로 아까 같은 방향으로 가다 부딪히지 않도록 사인을 감지하고 서로 조정하자는 이야기를 했지요. 그 정도면 충분하다고 생각합니다.

나코시 그렇습니다. 제 경험을 이야기하자면 요즘 정신과에서는 약물 치료가 중심입니다. 그런데 이 약에 대해서 여러 가지 견해가 있지요. 될 수 있으면 먹고 싶지 않다는 환자도 많습니다. 의사가 이 약을 사흘 정도 복용했으면 좋겠다고 말해도 환자가 "먹지 않겠다"고 말하면 먹일 수가 없습니다. 겨우 몇 밀리미터짜리 알약조차 목으로 넘길 수가 없는 겁니다. 이 상황이 되면 "그렇군요. 그럼 어떻게 할까요?" 정도밖에 말할 수가 없습니다. 드물기는 하지만 "저한테 실험을 하고 싶은 거지요?"라고 이야기하는 환자도 있었으니까요.

요로 그 시점에서 서로를 이해하지 못하는 거지요. 하지만 그게 당연한 일입니다.

나코시 환자와 저도 이런데 환자의 가족과 환자 사이에서는 더 직접적이랄까, 문제가 더 심각해집니다. 환자의 가족은 정신적으로 지친 환자를 '이해해주어야만 한다'고 자신을 몰아붙입니다. 가족이니까 서로를 이해해야만 한다는 거지요. 서로의 관계가 의사와 환자의 관계와는 비교할 수 없을 만큼 두텁고 가까우니까요. 훨씬 까다롭습니다. 그러니 가족이 내보내는 사인을 무조건적으로 따르게 됩니다. 아, 무조건 따른다는 게 복종한다는 의미는 아닙니다. 상대방의 이야기를 들어주되 억지로 듣지는 않는, 어느 정도는 단순한 위치 설정이 필요하지 않을까 싶습니다. 이 위치 설정이 어렵다는 사람도 많지요. 알고는 있지만 실행하기는 힘드니까요.

요로 바꿔 말하자면 솔직하고 자연스러운 관계가 바람직하지요. 일단 알고자 하는 마음이 지나치게 강한 건 좋지 않아요. 별로 좋을 게 없습니다. 알려 하지 않는 편이 나아요. 알았다손 쳐도 별로 달라질 게 없으니까요.

나코시 달라지지 않지요. 오히려 상대방이 '나를 알아줄 것이다'라고 기대하면 알아주지 못할 때 쓸데없는 마음의 풍파가 일어납니다. 사실 알아주지도 못하고요.

요로 '누군가에게 무언가 해주자'라는 행위가 바로 그 전형입니다. 그 사람이 정말로 바라는 게 무엇인지 잘 모르거든요. 모르는 단계에서 쓸데없는 행동을 하니 그 결과로 쓸데없는 풍파도 일어나지요.

나코시 '이렇게 해주면 상대방이 기뻐하겠지', '상대방에게 도움이 되겠지' 하는 건 자신의 생각일 뿐입니다. 저는 정신과 의사이니까 다양한 성격과 환경의 사람들과 상담을 하는데, 그중에는 '사람과 사람은 서로 이해할 수 있다'고 믿고 있는 분이 많아요. 그래서 "선생님, 제 얘기 좀 들어주세요", "왜 그 사람은 제 마음을 모르는 걸까요?"라며 제게 찾아옵니다. 하지만 모르는 상태, 즉 디스커뮤니케이션이 당연한 세계인걸요. 저 또한 해가 가면 갈수록 오히려 모르겠다는 생각이 듭니다.

요로 사람과 사람이 서로를 이해하지 않아도 괜찮다는 말은 본질적으로 이해할 수 없다는 뜻이기도 합니다만, 그러는 편이 인간관계가 더 편해진다는 의미도 있습니다. 오히려 모르는 편이 더 편합니다. 딱히 누군가의 모든 것을 알고 있지 않더라도 그 사람이 무언가 큰 사건을 일으키지는 않을 것입니다. 일반적인 사람은 갑작스럽게 이상한 행동을 하지 않으니까요. 이웃에 사는 친구가 갑자기 "지금부터 사람을 죽이러 간다"면서 부엌칼을 들고 나가거나 하지는 않지요. 사람들의 행동은 대개 비슷합니다. 일일이 다 알지 못해도 일상에서는 서로 잘 지낼 수 있습니다.

나코시 예를 들어 아내는 남편이 아침에 일어나 회사에 가는 것을 알고 있으니까요. 회사를 쉬고 갑자기 여행을 떠난다거나 할 가능성은 거의 없어요. 그럼으로써 일상에서의 타협이 이루어지지요. 문제는 어디까지 알고 싶은가입니다. 하지만 보통 우리가 하고 있는 커뮤니케이션은 앞서 이야기한 정도에 불과합니다. 그게 얼마나 전달되는가에 대한 정확한 수치는 없지만 가령 그래프로 만들어 보여준다면 다들 이상하다고 생각할 겁니다. "어? 이렇게까지 전달되지 않는다는 말이야?" 하고 말이지요. 그러니 요로 선생님의 "몰라도 괜찮다"라는 말씀은 분명 맞습니다.

요로 모든 걸 알려고 하니까 고민하는 겁니다. 모르는 게 당연하다고 생각하면 편해져요.

타인을 모르는 게 당연한 이유

요로 '알 수 있는 방법'이 아니라 '모르는 이유'를 먼저 이야기하자면 이는 우리가 가진 전제가 서로 다르기 때문입니다. 전제가 다르니 아무리 말해도 상대방이 이해할 수 없지요. 전제가 다른 채로 대화를 나누면 혼란스러워요. 고양이를 싫어하는 사람에게 고양이의 매력을 아무리 이야기해봤자 절대로 이해하지 못해요. 말하는 사람만 '왜 이 사람은 내가 이렇게까지 이야기하는데 반응이 없는 걸까', '왜 내 말에 공감하지 못하는 걸까' 하고 생각하겠지요. 당연한 일이에요. 고양이에 관한 전제가 근본적으로 다르니까요. 또는 아직 죽음을 인식하지 못하는 젊은이에게 "죽음이란 무엇일까요?" 하고 물어봤자 나만의 전제를 가지고 이야기하고 있을 뿐이니 어차피 전달이 되지 않아요. 현대는 일상과 죽음의 거리가 먼 시대이고 죽음이 현실적으로 다가오지 않잖아요. 게다가 왜인지는 몰라도 대부분의 사람들은 내가 내일 당장 죽을 수도 있다는 생각을 하지 않아요. 천수를 다한다는 근거는 어디에도 없는데 말입니다. 저는 대학에서 30년 가까이 해부를 해왔고, 지금도 매일 시신을 보고 만집니다. 저에게는 죽음도 시신도 직접적으로 느끼는 현실이에요. 그래서 다른 사람들과 죽음과 시신에 대해 이야기해봤자 안 통해요. 이야기를 하지 않게 되지요. 그렇다고 해서 설명을 포기했다는 뜻이 아니에요.

나코시 네, 저도 요전에 골프를 좋아하는 사람이 "잠깐 골프용품점에 들르려 하는데요"라고 이야기했는데, 저는 골프를 치지 않으니까 그에 담긴 의미를 잘 모릅니다. 그래서 "그러세요?"라고 말하고 이야기를 들었습니다. 만약 솔직하게 "골프의 어떤 점이 좋은지 모르겠다"라는 말을 꺼내면 상대방은 분명 기분이 상했겠지요. 모르는 부분은 모르는 채로 존중하는 게 교양입니다. 서로 전제가 다르다는 것을 인정하지 않고 하나하나를 논쟁해봤자 10년이 지나도 일치점을 찾을 수 없지요.

요로 또 대부분의 사람이 잘 모르는 사실이 있는데요, 사람은 평생 타인과 공간적인 시선을 공유하지 못합니다. 지금 나코시 선생과 이야기를 나누고 있지만 서로 마주보고 있잖아요. 보이는 풍경이 전혀 다릅니다. 오늘의 주제에 맞춰 이야기해보자면 이렇게 시선조차 다른데 과연 얼마나 공유가 가능할까, 얼마나 '안다'고 말할 수 있을까 싶네요.

나코시 인간이 평생 서로 같은 것을 볼 수 없다는 사실을 생각해본 사람은 거의 없겠지만 실제로 그렇겠네요. 제가 지금 요로 선생님 자리로 옮겨도 거기에 이미 아까와 같은 '나'는 없어요.

요로 '이해한다'라든가 '안다'라는 말을 생각해보자면, 예를 들어 사람은 모두 의미를 찾으려 합니다. 하지만 의미를 갖지 않은 것들도 세상에서 큰 비중을 차지하고 있어요. 방 안에 있는 이상한 벌레는 사람에게 의미가 없는 존재이지만 거기에 있는 걸 어쩌겠습니까. 인류가 탄생하기 전부터 있었을지도 모르지요.

나코시 그야 그렇지요. 사람이 의미를 찾아내려 하든 하지 않든 벌레는 거기 있지요.

요로 그렇지요. 산에 갔다가 돌에 걸려 넘어지면 "왜 이런 곳에 돌이 있는 거야"라면서 화를 내겠지요. 하지만 자연에는 돌이 있어요. 의미 같은 것은 없어요. 인간이 주의하면서 걸을 수밖에 없지요. 하지만 요즘은 의미 있는 것만 가치가 있다고 생각해요. 모든 게 의미로 직결되는 사회예요. 이를 '정보화 사회'라고 합니다. 의미 없는 것은 전부 없앤 것의 상징 중 하나가 예를 들면 사무실이지요. 회의실을 보면 의미 있는 물건밖에 없어요. 책상, 의자, 화이트보드. 기껏해야 꽃을 장식해놓는 정도이지요. 이와 대조적인 곳이 산이나 숲이에요. 자연 안에 있는 것들은 요즘 문화에서 보자면 의미 없고 쓸모없는 것들뿐이니까요.

나코시 산이나 숲이 없어도 회의는 할 수 있으니까요. 하지만 그런 환경 때문에 감각이 둔화되는 면이 있습니다.

요로 분명 그렇습니다. 감수성을 최대한 둔화시키고 있는 거예요. 학교에 다니는 아이들을 보면 알 수 있지요. 교실은 사무실과 비슷해요. 무의미한 것이 없는 세계예요. 그러니 감각이 떨어지기 마련이지요. 아파트와 학교를 왕복할 뿐 세계가 완전히 폐쇄된 것과 마찬가지예요.

나코시 교실에서 한 걸음만 밖으로 나가면 의미 없는 것들이 넘쳐나는데도요. 나무나 벌레 같은 게 없어도 수업 진도는 문제가 없으니 의미 없는 것에는 관심이 없어요.

요로 인간이 없어도 자연은 잘 유지됩니다. 하지만 도시는 인간만을 위한 곳이에요. 다른 것들은 잉여 취급을 하며 전부 배제해버립니다. 하지만 아까 이야기한 '이해한다'나 '안다'와 관련된 측면에서 보면 사람의 뇌는 '무의식'이라는 '의미 없는 부분'이 대부분을 차지하고 있고, 의식 같은 건 빙산의 일각입니다. 뇌의 기능으로 말하자면 말이에요.

나코시 우리는 보통 그 빙산의 일각을 가지고 사물을 보거나 얘기를 합니다. 그 사실에 대해서는 전혀 자각하지 못하면서요.

요로 대부분의 사람은 내가 내 의식으로 뇌와 신체의 모든 것을 지배한다고 생각하지요. 그래서 안다느니 모른다느니 하며 고민해요. 사람들은 가위에 눌리면 정말 깜짝 놀라요. 의식은 깨어 있지만 몸이 자고 있어서 움직이지 않는 현상이라는 걸 알고 있지만 몸과 마음을 지배하고 있는 자신이 움직이지 않으니 놀라는 거지요.

나코시 심리학적 측면에서 봐도 의식보다 감각에 영향을 받는 상황이 많습니다. 잘 설명하긴 힘들지만요.

요로 이건 과학적으로도 설명이 됩니다. 보통 뇌가 '이렇게 하자' 하고 생각을 먼저 하고 그 뒤에 행동을 한다고 생각하는데 그 반대입니다. 예를 들어 '목이 마르다'라고 생각한 이후 '그럼 물을 마시자' 하고 행동한다고 보지요. 하지만 뇌의 활동을 측정해보면 물을 마시려는 쪽으로 분명히 움직인 다음 몇 밀리초 뒤에 '물을 마시자'라는 의식이 일어납니다. 의식은 뇌가 움직인 이후에야 일어납니다. 결국 과학적 측면에서 봐도 사람은 자신의 의식으로만 움직이지는 않는 것입니다.

'통할 것이다'라는 확신

요로 이런 사실을 무시하고 의식의 가장 위에 드러난 꼭대기 부분만 가지고 왈가왈부하니까 그 아래에 감춰진, 전제가 되는 부분은 서로 모르는 거예요. 그런데도 윗부분만 보고서 '통할 것이다'라고 쉽게 생각해버리지요.

나코시 서로 빙산의 일각만 가지고 이야기를 주고받아봤자 통할 리가 없지요. 그런데도 통하지 않으면 '어? 왜 모를까?' 하고 생각해버립니다. 이건 정말 커다란 벽이네요.

요로 그렇지요. 산꼭대기의 바늘 끝 같은 부분만 맞닿게 하려 해봤자 좀처럼 맞닿지 않아요. 그런데도 그 정도밖에 모른다는 자각이 없기 때문에 자기는 전부 알고 있다고 생각하지요.

나코시 의식하지 못하는 방대한 전제가 있는데도 그 방대한 전제의 다름을 생각하지 않고 논의를 한들 서로 이해할 수가 없지요.

요로 그래서 저는 인간이 좀 더 겸허해져야 한다고 늘 이야기합니다만, 사람들은 의식이 스스로를 통솔하고 있다고 생각하지요. 자신의 모든 행동을 통제할 수 있다고 생각해요. 그건 교만이에요. 그 전제가 '어째서 이렇게 굵은 창으로 싸우는데도 안 되는가', '왜 모를까' 하는 생각이지요. 그게 아닙니다. 바늘 끝이에요. 아주 작은 바늘이요. 그러니 맞닿을 리가 없어요. 인생이란 대개 그런 것이 아닐까요.

나코시 그 전제 또한 한 사람이 사용해온 말의 역사가 담겨 있기에 같은 말이라도 서로 다를 수밖에 없습니다. A씨의 "덥네요"라는 말에 B씨가 "네, 더워요"라고 맞장구쳐도 그 '덥다'라는 말에 담긴 역사가 다르지요. 그래서 '이 사람이 지금 덥다는 말을 어떤 의미로 한 건가'라는 여지가 있지요. 몸이 약한 사람이 탈수 증상을 느끼며 쥐어짜내듯 말하는 '덥다'와 친구와 땡볕 아래를 걷다가 빙수라도 먹을까 하는 뜻에서 말하는 '덥다'는 의미가 전혀 다릅니다. 물론 이는 극단적인 예입니다만 이렇게 극단적인 예가 아니라 건강한 학생들끼리 말하는 '덥다'도 엄밀히 말하면 의미가 달라요. 같은 말에도 '다르다'라는 대전제가 존재합니다.

요로 학생들끼리 나누는 얘기든 연로한 환자와 이야기를 나누든 통하지 않는 정도는 총체적으로 비슷할 테지요. 가령 도시에서 살고 있는 사람과 시골에서 태어나 자란 사람이 갑자기 만나서 "무얼 하며 놀까" 하고 이야기를 나눠도 전제가 너무 다르니까 잘 통하지 않아요. 하지만 '사는 곳이 다르니 어쩔 수 없다'며 서로에게 이해를 바라는 기대치도 낮아지지요. 하지만 가족 사이에서는 서로 '알아주었으면 좋겠다'는 요구치가 쑥 올라가버려요. 그래서 '어째서 이 정도도 몰라줄까' 하는 마음이 되지요. 저도 옛날에 그랬습니다만 부부처럼 가까운 관계에서는 조금만 의견이 엇갈려도 "왜 모르느냐"라면서 상대방의 의견을 바꾸려 들어요. 그래서 몇 시간씩 크게 싸운 적도 있었어요.

나코시 다 알고 있지 않더라도 오히려 그 편이 타협하기 쉽다고 말씀하신 게 이런 의미에서군요.

요로 그런 논쟁을 반복하면서 깨달은 것은 '아주 사소한 것이라도 상대방의 의견을 바꾸기란 어렵다'는 사실이지요. 논쟁해봤자 별 수 없다는 결론에 도달하게 돼요. 결국 제가 하고 싶은 이야기는 타인이든 부부든 통하지 않는 정도는 거의 비슷하다는 것입니다.

1장

타인은 알 수 없는 존재다

외국에서는 통하지 않는 게 전제다

나코시 통하지 않는 대표적인 예가 언어입니다. '굿모닝'과 '오하요(일본의 아침 인사. -옮긴이)'도 다르니까요. A=B라는 등식처럼 '굿모닝'='오하요'라고 할 수 없어요. 가장 비슷한 의미를 가진 단어를 나란히 놓았을 뿐이니까요. 하지만 많은 이들이 '통하는구나'라든가 '나는 알고 있어'라고 생각하며 대화를 주고받지요. 그래서 외국에 나가 영어 때문에 힘들어하다가 일본에 돌아오면 '역시 일본어로 하니까 잘 통해'라고 생각해요. 사실은 정도 차이가 있을 뿐 대부분은 통하지 않는데도요.

요로 해외에 나갔을 때의 좋은 점은 통하지 않는다는 전제에서 시작한다는 것이지요. 저는 이렇게 생각하는 게 편합니다. 통하지 않아도 괜찮다고요. 애초에 언어가 다르기 때문에 어떻게 하면 서로 통할까 고민할 필요가 없어요. 아니, 저는 고민하지 않지만 그것 때문에 힘들어하는 사람도 있겠지요. 하지만 통하지 않아도 괜찮다고 생각하세요. 그렇게 생각하면, 오히려 어떻게든 통하게 되거든요. 약간이라도 의사소통이 되는 사람을 만나면 되는 거지요. 그렇게 이해해주려는 사람은 대개 좋은 사람이에요. 차라리 외국어를 못하는 편이 나아요. 외국어를 못한다고 생각하면 상대방도 더 열심히 이해하려고 할 테니까요.

나코시 선생님은 얼마 전에도 사모님과 함께 배를 타고 외국을 다니셨지요? 외국에 나가면 현지인들과 어떻게 의사소통을 하시나요?

요로 일본에 있을 때와 똑같아요. 수동적이지요. 종종 라오스나 필리핀에 곤충을 채집하러 가는데, 이번에 아내와 같이 간 곳은 런던이라서 '재미없게 곤충도 없는 도시로 왔구먼' 하고 생각하면서 다녔지요. 아시아를 다닐 때는 대부분의 나라에서 저에게 길을 물어봐요. 현지 사람이라고 생각하나 봐요. 유럽에서는 그런 일이 거의 없지만요.

나코시 어쩐지 상상이 갑니다. 아시아만 그런 게 아닐 테지요. 선생님이 태연하게 계시면 '이곳을 잘 아는 현지 사람이겠지' 하고 생각할 거예요. 파리에도 일본 사람이 많이 사니까 선생님이 몽파르나스 같은 곳을 산책하시면 여행을 온 이탈리아 사람이 "실례합니다"라며 길을 물어볼지도 모릅니다.

요로 뭐랄까, 인간관계에서도 아무런 설명이 필요 없는 사람이 있는가 하면 세세한 것까지 얘기해야 하는 사람이 있지요. 사람마다 다릅니다만 분명한 건 저는 이야기할 때 상대방에게 딱히 무언가가 전해지지 않아도 괜찮다고 생각하고 말을 하거든요. 그런 경우도 많지 않습니까?

나코시 많다기보다 늘 그렇지요. 저는 이해할 수 있는 부분은 20~30퍼센트에 불과하고 나중에 가서는 한 구절만 상대방에게 전달되면 좋겠다고 생각하거든요. 거꾸로 이야기하면 상대방의 말을 이해할 수 없더라도 한 구절만 벽을 넘어 내 마음에 남으면 어떤 의미에서 성공인 거지요. 10년 가까이 같이 일하고 있는 제 매니저도 무척 뛰어나고 저를 잘 헤아려주는 사람인데도 일을 하다 보면 어긋나는 부분이 생기거든요. 오랜 시간을 같이해도 이런 차이가 있구나 하는 걸 깨닫게 되지요. 그러니 일반적인 회사원이 가끔 일 때문에 만나는 사람과 통하는 부분은 기적적으로 많을 때는 30퍼센트, 이야기에 잘 집중한다면 25퍼센트, 멍하니 듣기만 하면 5퍼센트 정도일 거예요. 그래도 괜찮다고 생각합니다. 한 구절이라도 제대로 전해진다면 그것만으로도 대단한 일입니다. 그것조차 남지 않는 경우가 많으니까요.

어른과 아이는 전제부터 다르다

요로　제 글이나 책을 읽고 "선생님은 왠지 투덜거리시는 것 같아요"라고 말하는 사람들이 있어요. 그 '투덜거림'이 재미있다고 하는 사람도 있고요. 그 말에는 다양한 의미가 있겠지요. 말로 나타내지 않은 의미까지요. 받아들이는 사람이 그걸 적당히 해석해서 받아들이는 거예요. 일상의 커뮤니케이션이란 그 정도가 아닐까요. 예를 들어 일본 문화로 이야기하자면 '렌가連歌(일본 전통 시가 중 하나. 두 사람 이상이 상구와 하구를 번갈아 읊는다. —옮긴이)'가 그렇지 않습니까? 몇 사람이 차례차례 구를 읊어나가지만 엄밀한 논리로 연결되는 게 아니라 상황이나 분위기에 따르는 거지요. 개인이 독창성을 발휘하는 것이 아니라 분위기가 구를 만들어내요.

나코시 말하자면 '이 말의 의미는 아마 이런 것이겠지'라는, 적당히라고 말하면 좀 그렇지만 느슨한 분위기에서 '자, 이 말이면 괜찮지 않을까'라는 생각으로 시를 이어가지요. 그러니 생각하지 못한 방향으로 말이 굴러간다는 매력이 있어요. 인간 사회라는 게 그런 식으로 성립되어 있으니까요.

요로 이런 시 짓기를 가마쿠라鎌倉 시대(1185~1333. 가마쿠라를 거점으로 삼았던 일본 최초의 무신 정권 시대. —옮긴이)부터 에도江戸 시대(1603~1867. 도쿠가와 이에야스德川家康가 일본을 통일한 이후 에도[현재의 도쿄]에 막부를 두고 260여 년간 무신 정권을 유지한 시대. ―옮긴이)까지 오락으로 즐겼어요. 그래서 우리는 그런 '막연함'의 커뮤니케이션에 능하다고 생각해요. 오락 같은 거예요. 즐겨왔으니까요. 시인 오오카 마코토大岡信(1931~2017. 시인. 평론가. 1970년대에 시인들이 공동으로 시를 짓는 '연시連詩'를 제창한 것으로도 유명하다. ―옮긴이) 씨에게 들었는데 그분은 외국 시인들과도 '렌가'나 '연시'를 지었다고 해요. 외국인들은 처음에는 무척 당황한다는군요. 왜냐하면 외국 사람들은 시를 자신의 생각을 응축한 표현이라고 생각하거든요. 그러니 무척 신기한 체험이겠지요.

나코시 그렇군요. 무척 흥미로운 이야기입니다.

요로 학교교육으로 말하자면 국어나 영어 독해도 그렇지 않습니까? 전형적이에요. 어떤 글에서 무엇을 읽어낼 것인가는 사람마다 다 다른데도 "그 해석은 틀렸다. 정답은 이거다"라고 말하지요. 뭐가 정답이라는 걸까요.

나코시 그렇습니다. 어느 날 보니 저희 집 아이가 복잡한 방식으로 계산 문제를 풀고 있었어요. 그래도 괜찮다고 생각합니다. 자신이 불편하다고 생각하면 그때 바꾸면 돼요. 글도 그렇습니다. "그 해석은 틀렸다"라고 누가 정할 수 있을까요. 부모로서는 아이의 자유로운 방식을 존중하고 싶습니다.

요로 아까부터 이야기하고 있는, 사람을 '이해한다'든가 '안다'라는 주제와 연결해보자면 어린아이와 놀아보는 것도 좋은 경험이에요. 아이들은 우리와 전제가 아주 다르거든요. 알고 있는 어휘도 어른보다 적고 어른이 당연하다고 생각하는 전제를 아예 모르거나 흥미를 보이지 않아요. 그런 아이들에게 말을 통해 의견을 전달하려는 시도는 꽤 좋은 훈련이 됩니다. 잘 전달되지 않아요. 거꾸로 아이들이 말하는 것도 잘 모르겠고요. 아이들은 어른처럼 말을 꼬거나 돌린다든가 쓸데없이 장식적인 말을 붙이지 않으니까요. 단순하게 말하지요.

나코시 네, 정말 그렇습니다. 저희 집 아이와 이야기를 하면, 물론 화가 날 때도 있지만, 오히려 저를 가르칠 때가 더 많은 것 같아요. "그렇지만 아빠가 이렇게 말했잖아요"라고 말하면 눈이 번쩍 뜨여요. 재미있는 건 부모는 아이를 적당히 봐주지만 아이는 부모를 봐주지 않는다는 사실입니다. 그러니 가장 좋은 훈련이 되겠지요.

요로 어린아이가 아니더라도 나보다 힘이 약한 사람은 나를 알아서 헤아리거나 적당히 봐주지 않아요. 힘 있는 사람이 진지하게 대응하지 않으면 대화를 할 수 없어요.

나코시 거꾸로 제가 초급 또는 1급 정도이고 상대방이 4단이나 5단쯤 되는 달인이라면 상대방은 '적당히 해볼까'라며 봐주지요. 이것도 수행이 아니에요. 그러니까 이건 나중에도 이야기하겠지만, 불교에서는 '방편方便(방편이란 불교에서 나온 말로 중생을 가르치고 인도하기 위한 임시적인 수단을 뜻한다. −옮긴이)'이라고 하는데 진정한 수행은 자신보다 약한 사람에게 진지하게 임해주는 것이지요.

요로 이야기를 할 때 상대방이 내 말을 이해하지 못한다는 걸 알면서도 헤아려주고 이해한 척해주지요. "아, 네네" 하면서요. 그런 겁니다. 이렇게 어른들은 어떤 식으로든 대화가 이어지지만 아이들은 "몰라", "그게 뭐야"라고 말해버리지요. 관료들이 모리토모 학원森友学園(유치원을 운영하고 있는 오사카의 사립학교 법인으로 2015년 초등학교 건설을 계획하면서 국유지를 감정가보다 싸게 사들이고, 장애아동 및 교사의 수를 부풀려 보조금을 부정수급한 혐의와 함께 아베 신조 총리의 부인인 아키에 여사가 한때 명예교장을 맡았다는 사실 등이 드러나 정치인 및 관료 들과 관련된 각종 의혹을 받고 있다. -옮긴이)을 봐줬듯이 알아서 이쪽 사정을 헤아려주지 않아요.

나코시 맞는 말씀입니다. 저는 디즈니 채널의 심의위원을 맡고 있어서 6개월에 한 번 정도 네 편쯤 되는 애니메이션을 보고 평론을 하거든요. 얼마 전에 그중 한 편을 아이와 함께 보면서 감상을 물었더니 제가 거의 신경 쓰지 않았거나 생각하지 못했던 것을 지적하더군요. 갑자기 "홀로그램으로 나온 박사에게 왜 우주인이 토한 게 붙어 있어?"라고 말했거든요. 무심히 보는 것 같지만 전제가 달라요. 그때 직감적으로 '이래서 애들한테는 못 당하겠구나' 하는 생각이 들었습니다. 이렇듯 어린아이와 이야기를 하고 있으면 결과적으로 내 안에서 보다 많은 걸 끌어낸달까, 어떤 자극을 받을 때가 있습니다.

요로 아이들과 옥신각신하기 귀찮은 사람은 고양이를 관찰해봐도 괜찮지 않을까요? 고양이도 우리와 전제가 다르니까요. 이 녀석이 무얼 생각하고 있는지, 내 생각이 얼마나 전달되고 있는지 관찰해보면 좋은 훈련이 될지도 모르지요. 훈련이라고 생각하면 피곤해지니까 앞서 말한 렌가와는 다르지만 게임 같은 느낌으로 시도해보면 좋을 겁니다.

'사람은 알 수 있는 존재가 아니다'라고 생각하면 편하다

요로 하지만 저도 젊은 시절에는 사람을 알려고 했었지요. 남들처럼 말이에요. 좀처럼 잘되지 않았지만요. 왜 내가 이 사람을 알아야 하나 싶기도 했고요. 사람에 대해 알고 싶어지면 필연적으로 심리학이나 정신과 분야에 관심을 가지게 됩니다.

나코시 그러고 보니 선생님은 정신과 의사가 되려고 하셨지요?

요로 그랬지요. 정신과 대학원에 들어가려 했는데 추첨에서 떨어졌어요.

나코시 추첨이요? 지원자가 많았던 모양입니다.

요로 제가 기억하기로 정원은 네 명인데 지원자는 여섯 명이었어요.

나코시 뽑기 운이 좋지 않으시네요.

요로 예전부터 뽑기 운이 좋지 않았어요. 하지만 지금 생각해보면 오히려 운이 좋았다고도 할 수 있지요. 만약 정신과 의사가 되었더라면 지금 어떻게 되어 있을지 모르지요. 그 뒤 엄청난 일이 있었으니까요. 도쿄대 투쟁(1968년 겨울, 일본에서 학생운동이 한창 격렬하던 시기에 도쿄대 학생들이 야스다 강당을 두 차례에 걸쳐 점거했다가 경찰의 무력 진압으로 해산했다. —옮긴이)이 일어났어요.

나코시 아, 맞습니다. 도쿄대 투쟁은 의학부에서 시작되었고 아카렌가 투쟁赤レンガ闘争(도쿄대 정신과 의사연합이 도쿄대 병원 정신병동을 점거했던 사건)도 있었지요. 맞아요. 그때 그랬지요.

요로 복잡한 시기였지요.

나코시 저도 선생님과 비슷합니다. 옛날에는 사람을 알려고 노력했습니다. 저는 외아들이지만 형제가 있는 친구들 이야기를 들어보면 형제끼리 싸우고 화해하고 때로는 심하게 굴기도 하더라고요. 그러면서 어려서부터 서로를 이해하는 감각을 기르는 게 아닐까 하고 생각했습니다. 하지만 저는 형제가 없으니까 일부러라도 타인을 알려고 노력해야 하는 게 아닐까, 의식해야만 하는 게 아닐까 싶었어요. 특히 정신과를 지망하면서 그런 마음이 더 커졌지요. 일종의 환상이 있었습니다.

요로 환상일지도 모르지만 사람이란 그런 존재이지요. 그러다가 '괜찮아. 모르면 어때?'라고 생각하는 시기가 와요.

나코시 레지던트가 되고 5년 차였던 것 같은데요. 어느 순간 '아, 몰라도 괜찮구나' 싶었습니다. 서서히 느낀 것이 아니라 갑작스럽게 그런 생각이 들었어요. 그 이후 좀 더 편해졌어요. 자의식 과잉이었다는 걸 깨달은 거지요. 제가 인간이 덜 되었다거나, 세상에 공헌해야만 한다거나, 제 몫을 해내는 의사가 되어야 한다는 것은 전부 과민한 자의식에서 나오는 이기주의이니까요. 저는 갑자기 떠오른 감각에 순종했습니다. 갑작스럽기는 했지만요. 왠지 힘이 슥 빠졌다고 해야 하나요. 어느 날 당시 제 지도교수인 다치바나 선생님과 당직을 섰는데 구겨진 의사 가운을 입고 건물을 잇는 복도를 걷는 제 뒷모습을 보시고서 "나코시 군, 정신과 의사의 뒷모습이군"이라고 말씀하셨어요.

요로 멋진 이야기군요.

나코시 '사람은 알 수 없는 존재다'라고 깨닫기 시작했을 무렵의 저를 보고 "정신과 의사의 뒷모습"이라고 말씀하셨던 거예요. 힘을 좀 빼고 허리가 구부정한 모습을 보신 걸까요? 잘 모르겠지만 지금도 그 순간을 선명히 기억하고 있습니다.

요로 제가 강연을 할 때 종종 이야기하는 겁니다만 '아, 뭔가 좀 이상하다', '이게 뭘까' 하는 생각이 들면 그 문제를 계속 끌어안고 있으라고 말해요. 납득하지 않고 의문을 계속 품는 게 중요하지요. 그 당시에는 풀지 못하더라도 '이상하다'는 감각은 기억해둬요. 그러면 3년이나 5년, 어쩌면 10년, 20년 정도 지난 후에 갑작스럽게 풀리기도 해요. 하지만 많은 사람들이 그 감각을 잊어버려요. 해결하지 못한 채로 머리에 남아 있으면 불쾌하기 때문이지요. 그 불쾌함을 없애려고 "뭐, 세상이 다 그런 거지"라고 납득해버려요. 그런 사람들이 많아요.

타인에게 인정받고 싶은 욕구

요로 《뇌가 망가졌다脳が壊れた(스즈키 다이스케鈴木大介 지음, 신초신서)》라는 책이 있어요. 뇌종양에 걸린 아내를 간병해온 마흔한 살 남자가 쓴 책인데 이 사람도 뇌경색으로 쓰러지고 말아요. 목숨은 건졌지만 뇌에 문제가 생겨 여러 가지 후유증을 겪지요. 갑자기 사람이 나타나는 환상을 본다든가 해요. 말 그대로 뇌가 망가진 거예요. 그는 자신이 왜 뇌경색을 일으켰는지 반추해가면서 책을 쓰는 가운데 지금까지 자신이 뇌질환을 앓고 있는 아내가 정말로 원하는 것을 해주었는지 생각하게 돼요. 자신이 하고 싶은 대로 하고 정작 상대방을 헤아리지 못했을지도 모른다고요. 남편도 아내의 병 때문에 힘들었지만 원치 않은 선의를 받아야 했던 아내도 어쩌면 큰 스트레스를 받았을지 모른다, 이 사람은 그렇게 생각했어요.

나코시 그 책을 쓴 저자는 잘 모르지만 정신과 의사로서 일반론을 이야기하자면 상대방의 의사를 파악하지 않고 가족에게 개입하는 경우의 70~80퍼센트 정도는 인정욕구 때문입니다. 타인에게 인정받고 싶다는 감정이지요. 그러니 알맹이는 거의 없어요. 제 경우에는 원하는 걸 해주었을 때의 기쁨보다 하지 말았으면 싶은 걸 했을 때의 괴로움이 열 배 정도는 큰 스트레스가 되었습니다.

요로 사람마다 다르지만 타인을 걱정하는 이렇게 착한 나를 인정해줬으면 하는 감정이 있지요. 사람이라면 다들 그런 감정을 갖고 있어요.

나코시 인정욕구를 충족시키고 싶은 사람은 도장道場에라도 다니면 어떨까 싶어요. 도장은 같은 목적을 가진 사람들이 모이는 곳이에요. 그곳에서는 다들 같은 행동을 함으로써 자신을 '함께한다'는 상황에 동조시킵니다. 예를 들면 "중단차기 시작!"이라는 명령을 듣고 다같이 "이얏, 이얏" 하고 리듬에 맞춰 소리치지요. 이는 "안녕하세요!"라는 인사를 주고받으면서 서로를 확인하는 것과 비슷해요. 권투나 펜싱처럼 혼자서 고독하게 하는 스포츠와 달리 모두 함께한다는 의미에서 매우 일본적일지도 모르겠네요. 합기도에서 기술이 들어가는 순간, 힘을 주지 않았는데도 상대방이 뛰어오르는 것은 상대방의 신체와 자신이 동조되기 때문입니다. 그러니 도장은 동조성과 그 동조성에 기초한 일종의 원초적인 인정욕구를 만족시키는 장소라고 봅니다.

정작 나도 나를 모른다

나코시 인정욕구가 나쁘다는 건 아닙니다. 중요하기는 해요. 그 사실을 부정하려는 것은 아닙니다. 가령 단골 술집에 가서 주인이 "어서오세요"라며 밝게 말을 건넨다면 기쁘지만 인사를 해도 무시하면 '왜 그러지?' 하면서 불안함을 느끼지요. 인정받고 싶은 겁니다. 또 인정욕구는 직업이나 취미에서 자기를 실현하는 데 커다란 에너지가 되기도 합니다. 그러므로 인정욕구를 부정하거나 무시한다면 인간 사회가 제대로 돌아갈 수 없겠지요.

요로 인정욕구 그 자체는 누구나 갖고 있는 보편적인 욕구입니다. 조금 전의 이야기로 돌아가면 상대방이 해주는 것을 어떻게 받아들일까가 문제이겠지요. 반면에 '고맙다'고 생각하고 스트레스를 느끼지 않으려는 사람도 있을 겁니다.

나코시 그 또한 스트레스일지도 모르지만요.

요로 그렇지요. 결국 그게 가장 성가실지도 모르겠네요. 상대방이 억지로 '고맙다'고 생각하는 시점에서 이미 내 선의는 의미가 없어지니까요.

나코시 걱정하는 마음의 대부분은 인정욕구가 차지하고 있습니다. 그리고 나머지는 자신의 불안을 상대방에게 덮어씌우는 경우가 많아요. 요컨대 불안한 사람은 자신입니다. 상대방이 아니에요. 자신의 부모님이나 자녀, 형제 등 가족 관계를 맺고 있는 상대방이 '실패하지 않을까'라든가 '잘 안 되면 어떡하지?' 하는 염려에서 불안이 생겨요.

요로 스스로는 상대를 순수하게 걱정하고 있다고 생각하지만요.

나코시 네, 그렇습니다. 그건 베일이랄까, '염려'라는 코팅이 된 감정입니다. 자신은 '상대방을 염려하고 있다', '이해해주고 있다'는 절대적인 선善입니다. 그러면 이건 '올바른 일이니까 아무리 간섭해도 괜찮다'라는 면죄부 같은 게 되어버려요.

요로 아느냐 모르느냐를 논하기 이전에 모든 걸 알아버리면 재미가 없지요. 그게 가능한가와는 별도로 모든 것을 알게 되면 어떤 의미에서는 그 순간 관계성이 끝나버리니까요.

나코시 목표를 달성했으니까요. 모르기 때문에 관계성이 이어지지요.

요로 '알고 싶다', '알아줘야 한다' 또는 '모르면 안 된다'라는 생각이 강해지는 경향은 노년층보다 젊은 사람들에게서 더 잘 나타나는 것 같아요. 최근 들어 대학에 심리 관련 학과가 많이 생긴 걸 보면 알 수 있지요. 사람을 알려면 '우선 심리학을 공부하자'라고 생각하니까요. 제가 학생 시절에 정신과에 지원했던 것처럼 말이지요. 다행히 떨어졌습니다만.

나코시 분명 제가 대학생이었던 때와 비교해보면 많이 늘었습니다. 20년 전쯤부터 우후죽순 생겨난 것 같아요.

요로 그와 동시에 심리상담사도 많이 나타났지요. 사람들이 자신을 알아주었으면 좋겠다, 알아주면 행복해질 것 같다는 사람이 늘어났어요. 옛날보다 인간관계가 희박해진 최근의 상황이 영향을 미쳤을지 모르지요. 옛날이 다 좋았다고 말하려는 건 아닙니다만 공동체와의 연결이 약해진 시대 배경이 어느 정도는 반영되어 있는 것 같아요. 지금의 젊은이들은 사회에 진출해서 타인과 어떻게 사귀어야 하는지 아무래도 스스로에게 불안감을 느끼니까요.

나코시 '사회에서 잘하고 싶다', '사람들과 잘 지내고 싶다'고 생각하기 때문에 사람에 대해 알고 싶고 알아야만 한다고 생각하지요.

요로 맞습니다. 불안하니까요. 하지만 사람을 알고 싶다는 건 뒤집어보면 자신에 대해서 모른다는 뜻이에요.

나코시 상대방을 알려면 먼저 자신이 어떤 사람인지 알아야 한다는 말씀이시군요. 옳은 말씀입니다. 상대방을 모르는 건 당연하지요. 하지만 자신에 대해서는 알고 있는 걸까요?

요로 알 리가 없지요. 이 또한 알지 못해도 괜찮습니다. '나는 이런 인간이다'라는 생각은 자신을 틀에 가두는 것입니다. 사람은 늘 변해요. 자신에 대해서조차 알 수 없어요. 나이를 먹을수록 그렇게 생각하게 되네요.

지식이나 정보로는 알 수 없는 것들

나코시 요로 선생님은 젊었을 때는 "타인을 이해해보려고 했다"고 말씀하셨는데요. 어떻게 하셨습니까? 예를 들어 학교 안에서 다양한 사람을 만나보거나 하셨나요?

요로　아니요, 저는 술집에 갔어요. 분명 대학에 있는 시간이 가장 길었지만 접촉하는 사람은 많지 않았으니까요. 특정한 사람들로 한정되어 있었어요.

나코시　똑같은 사람과 똑같은 주제에 관한 이야기를 반복할 뿐이라고 보셨군요. 술집에 있는 사람들은 불특정 다수이고요.

요로　그렇지요. 대학에서 만나는 사람과는 여러 가지 의미에서 달라요. 공유하는 가치관이 아예 없으니까요. 사람과 접촉하는 법을 배우고 싶었기에 저에게는 술집이 큰 의미를 지녔던 것 같아요. 관계없는 학부 학생이 모이고 전혀 접점이 없는 사람과도 만나니까요. 그곳에서 사람들과 커뮤니케이션을 했지요. 게다가 당시 저는 약한 술을 즐기며 마시기보다 고민이 많아서 어쩔 수 없다는 생각으로 독한 술을 마셨으니까요.

나코시　선생님의 그런 모습은 상상이 잘 안 되네요.

요로 그때는 그랬어요. 그러면 재미있게도 단골들이 "뭐야, 혼자 마시고 있어?"라며 말을 겁니다. 딱히 술집에 훈련을 하려고 간 것은 아니었지만 공부가 되었어요. 다들 각자의 사정이 있는 걸 알게 되었고요. 돌이켜보면 대학 시절 가장 많은 공부를 했던 곳이 바로 술집이에요. 역시 인생에는 그런 시간이 있어야만 해요. 그래서 교실을 나오라고 말하는 거지요.

나코시 무슨 말씀이신지 알겠습니다. 술집을 예로 들자면 저도 비슷한 추억이 있는데요, 아들러 심리학의 일인자인 노다 슌사쿠野田俊作 선생님께 심리 상담을 배운 적이 있어요. 최근에 노다 선생님이 쓰신 《용기를 북돋는 방법勇気づけの方法(소겐샤)》이라는 시리즈 권말에 글을 쓰기도 했는데요. 하여간 이 선생님이 매주 금요일에 주최하는 공개 상담에 8년 정도 다니면서 공부를 했어요.

요로 끝난 뒤에 술을 마시러 갔군요.

나코시 네. 대개 두 시간 정도 상담을 지켜보거나 공부 모임을 가진 다음 술집에 가는데요, 그때 어떻게 거리를 조정하면서 이야기를 해야 하는지 큰 공부가 되었습니다.

요로 좋은 시간이었겠군요.

나코시 노다 선생님도 술을 드셨거든요. 술에 취해서 평소보다 흐트러지셨달까, 좀 더 자유롭게 말씀을 하세요. 취하기는 했지만 저보다 인생 경험도 많고 교양도 압도적으로 높은 분에게서 얼마나 흥미로운 이야기를 끌어낼 수 있을까, 어떻게 해야 대화가 잘 이루어질까 등을 고민하면서 말을 하지요. 이 시간이 정말 큰 훈련이 되었어요.

요로 자리의 분위기나 전체적인 흐름도 살펴야 하고, 이것만큼은 무너뜨리지 말아야 한다는 관계성과 규칙도 존재하지요. 내 상태가 날마다 다른 것처럼 상대방 또한 늘 같은 기분을 유지하는 게 아니니까요.

나코시 말씀하신 그대로입니다. 여러 가지 의미에서 그 시간이 좋은 공부가 되었다는 생각이 듭니다. 사실 공개 상담을 보러 간다기보다, 물론 그것도 큰 목적이었지만 그 뒤의 술자리가 즐거워서 열심히 다닌 면도 있었지요. 정말 좋았거든요. 극단적으로 말하자면 끝난 뒤 뒤풀이가 없는 공부 모임은 가봤자 소용이 없다는 생각까지 들었어요. 엄밀히 말하자면 의미는 있지만 도움은 되지 않는다고 생각했어요.

요로 저도 같은 생각이에요. 의외로 다들 그 사실을 깨닫지 못하고 있어요.

나코시 물론 공부 모임에서 얻을 수 있는 정보와 지식이 있지만 그건 내 공명과 이익에만 관계 있는 지식일 뿐이지요. 자기계발 세미나에 빠져 있는 사람들도 그렇습니다. 괜히 자의식 과잉이 되는 경우가 있어요. 무리해서 세미나에 참가하니까 확실한 효과를 보고 싶어 해요. 그렇게 되면 '이 사람은 어떻게 생각할까' 하고 상대방에 대해 더 신경을 쓰게 돼요. 세미나 같은 데서 얻은 정보 밖의 현실, 즉 미래의 어떤 상황에서 임기응변으로 대처해야 할 때는 그 사람이 가진 지식의 양보다 인간으로서 가지고 있는 깊이가 중요하거든요. 거꾸로 말하자면 술자리 같은 데서 인간적인 면모를 단련하지 않으면 미래에 일어날지도 모를 뜻하지 않은 사태에 적절하게 대응할 수 없다고 생각합니다.

요로 말씀하신 대로 자기계발 세미나 같은 건 소용이 없어요. '안다'든가 '깨닫기' 위한 처방전은 감각을 연마하는 것이니까요. 그러려면 다양한 상황을 접하는 것이 좋고 술자리도 그중 하나이지요. 감각을 단련할 수 있는 장을 경험할 기회가 필요합니다. 가장 좋은 건 숲이나 강 같은 자연을 접하는 것입니다만.

타인을 아는 것보다 더 중요한,
내 편을 찾아내는 감성

나코시 지금 이렇게 요로 선생님과 이야기를 나누는 시간도 그렇지요. '아, 마침 그걸 여쭤보고 싶었는데'라든가 '맞아, 그 말씀대로야' 하고 생각하는 순간이 있습니다.

마치 선생님이 제 마음을 꿰뚫어보시는 것처럼 말씀하시면 그에 반응하는 것이지요. 제 자신이 미처 몰랐던 마음을 순간적으로 깨달았다고 할까요. 그런 일이 현실로 일어나거든요.

요로 깨닫지 못하면 지나쳐버리고 그 순간은 다시 찾아오지 않아요. 하지만 어떻게 해야 깨달을 수 있는가는 어떤 교과서에도 쓰여 있지 않아요. 여행지에서 길을 물어볼 때 되도록 친절해 보이는 사람을 찾으려 하잖아요? 사실 그게 중요한 능력입니다. 내 편을 찾아내는 감성 말이지요. 그 감성이 사람과 관계를 맺을 때 기본 중의 기본이니까요. '안다'라든가 '깨닫는다'를 논하기 이전에 그런 감성을 연마하지 않으면 소용없어요.

나코시 아, 저도 한신 아와지 대지진(1995년 1월, 일본 효고 현 고베 시와 한신 지역에서 발생한 진도 7.2의 대지진. 6,300여 명이 사망하고 1,400억 달러의 재산 피해가 난 큰 지진이었다. -옮긴이) 때 그런 감성을 느꼈습니다. 오사카에 있다 고베로 갔는데, 평범한 상황에서도 길을 찾기가 힘든데 하물며 지진으로 혼란이 컸던 때였지요. 그럴 때 누가 길을 걷고 있으면 '아, 이 사람에게 물어보자' 싶은 감각이 정확하게 발휘되었어요. 그런데 사람은 두 종류가 있습니다. 하나는 자기밖에 생각하지 않는 사람이고 다른 하나는 사람들에게 나누어주려는 사람이지요. 다른 사람에게 나누어주는 사람은 논리로 움직이지 않아요. 그들은 나누어주면 자신도 즐거워지는 사람이에요. 이 두 종류의 사람은 표정부터 전혀 다르기 때문에 이 사람이 어느 쪽인지 간파할 수 있어요. 이 힘이 중요합니다.

요로 그레고리 데이비드 로버츠Gregory David Roberts가 쓴 《샨타람Shantaram(현명수 옮김, 버티고, 2013)》이라는 소설을 한번 읽어보세요. 그 소설 첫머리에 방금 이야기하신 게 나와요. 주인공이 인도 뭄바이 공항을 나서는데 그 순간 사람들이 잔뜩 몰려와요. 그 가운데 '이 사람이다' 하고 순간적으로 선택을 해요. 거기서부터 이야기가 시작되지요. 인생에는 인간을 간파한달까, 감각으로 느끼는 힘이 반드시 필요해요. 신경이 예민해지면 상대방도 그걸 느끼게 되지요. 저는 외국에서 소매치기를 당한 적이 한 번도 없어요. 꽤 옷차림이 괜찮다고 생각하는데도 말이지요. 상대방도 여행 온 사람의 예민함을 간파하는 거지요.

나코시 저도 그런 경험이 있습니다. 오사카 같은 곳을 걷고 있으면 종종 외국인이 길을 물어보는데요, 제게 길을 묻는 사람은 대개 좋은 사람이라고 생각해요. 거꾸로 말하자면 그런 부분에서 뽑기 운이 나쁜 사람도 있다고 생각합니다.

요로 저는 뽑기 운이 나빠요. 외국에서도 사람들이 길을 물어본다니까요.

타인에 대한 부정확한 인식의 위험성

나코시 여행지나 술집 등에서 발휘되는 '감식안'은 순간적으로 사람이 사람을 파악한다는 뜻입니다. 이는 일종의 발작 같은 거라고 봅니다. 지식이나 정보를 바탕으로 발휘되는 게 아니라고 생각해요. 뭐랄까요. 어느 순간에 번

뜩 깨달음이 오는 것처럼 무심결에 말한 게 들어맞는다든가, 예기치 못하게 상대방의 생각을 정확히 맞힐 때가 있지요. 이는 자신이 생각하고 있는 '나'와는 다른, 의식 깊은 곳에 존재하는 어떤 감각이 그렇게 만든다는 생각이 듭니다. 지식이나 정보를 바탕으로 이론을 구축하고 어떤 논문에 나오는 이론에 따라 열심히 고민한 다음, '자, 이러면 상대방도 알아주겠지'라는 순서로 일어나는 일과는 다르다고 봅니다.

요로 우리가 살아가는 것은 순간입니다. 깨달음 또한 한 순간에 찾아와요. 그 순간을 내면에서 어떻게 받아들일 것인가. 젊은 시절에는 이를 좀처럼 실감하지 못하지만 나이를 먹으면 점점 알게 돼요. 상대방을 어떻게 생각해야 하나, 어떻게 이해해야 할까의 문제는 바꾸어 말하자면 상대방에 대한 내 인식의 문제거든요. 젊은 사람은 종종 상대방에 대해 자기가 인식한 내용만 가지고 '이 사람은 분명 이런 사람이다'라고 생각해요. 그런데 여기서 중요한 건 상대방을 그렇게 인식함으로써 상대방에 대한 태도가 정해진다는 거예요. 또는 행동이 정해지지요. 인식의 중요성이랄까 위험성은 이 때문이에요. 상대방이 어떤 사람인가 때문이 아니고요.

나코시 그렇군요. 상대방이 어떤 사람인가가 문제가 아니라 내가 상대방을 어떻게 판단하고 대하는가가 정해지는군요. 자신이 인식한 바, 내가 멋대로 만들어낸 인식 그 자체에 빠져 있달까, 튜브 안이 다 차 있어 대류하기만 할 뿐 그 바깥쪽, 즉 사실이 보이지 않는 상태네요. 무슨 말씀이신지 알겠습니다. 그런 인식만으로 상대방을 다 안다고 판단한다면…….

요로 이와 비슷한 것이 '오해'입니다. 이것도 참 흥미로워요. 종종 "저 사람은 오해하고 있다", "오해를 바로잡아야 한다"라고 말하는데 이건 '정답'이 있다는 전제를 가지고 하는 말이에요. 저는 늘 그게 이상하다고 이야기해요. 오해를 어떻게 받아들여야 할까요? 극단적으로 말하자면 오해는 오해인 채로, 오해라는 걸 스스로 깨달을 때까지 놔둘 수밖에 없어요.

나코시 오해라는 걸 깨닫지 못했는데 풀려고 하면 또 다른 오해가 생기지요.

요로 가령 직장 상사가 오해를 하고 있는데 그대로 놔둘 수는 없겠지요. 하지만 그대로 놔둘 수 있느냐는 별도로 하고, 오해란 오해하고 있는 쪽이 나쁜 거거든요. 산길을 걷다가 오해해서 길을 잘못 들었을 때 헤매는 건 자신이에요. 어려움에 처하는 건 자신이니까요. 오해임을 깨달을 때까지는 어쩌면 매우 긴 시간이 걸릴지도 모르지만 자신도, 주변 사람도 그대로 받아들일 수밖에 없어요. 하지만 대부분의 사람들은 그 시간을 손해라고 생각해요. 되도록 짧은 시간 안에 합리적으로 오해를 바로잡으려고 하지요. 하지만 억지로 "정답은 이것이다"라고 설명해봤자 소용없어요. 특히 젊은 사람들이 이 사실을 많이들 오해하고 있는 것 같아요. 아까 나코시 선생께서 말씀하셨듯이 순간적으로 깨달을 수밖에 없는 거지요. 논리나 정보로 해결될 문제가 아니에요. 진정으로 깨닫는다는 것은요.

나코시 요즘은 인터넷 덕분에 정보량이 크게 늘어났지요.

요로 주변에 존재하는 정보의 물리적인 양을 보면 우리가 젊었던 때와는 비교가 안 됩니다. 정보가 끊임없이 쏟아져 나옵니다. 게다가 거의 무료이지요. 문제는 정보를 어떻게 이용하느냐입니다. 아까 이야기했지만 살아간다는 것은 순간이고 상황은 늘 달라집니다. 사람이란 세포와 혈액이 매일 교체되는 존재거든요. 그래서 제행무상諸行無常인 거예요. 오늘 이렇게 주제를 정해서 이야기를 나눈 다음, 내일 또 같은 주제를 가지고 이야기한들 같지는 않겠지요. 같은 주제에 대해 느끼는 방식도 달라지고요. 그러니 깨닫거나 알게 되는 방법이란 누군가에게 가르침을 받는 것도 아니고 가르칠 수도 없어요. 왜냐면 사람과 시간과 장소에 따라 상황이 전부 다르니까요. 일반화할 수 없어요.

나코시 세계란 순간의 반복이니까요. 하지만 이 사실은 직접 경험하지 않으면 이해하기 어려울지도 모르겠습니다.

요로 맞아요. 저도 젊은 시절에는 그랬으니까요. 그래서 오해에 대한 이야기로 돌아가자면 오해라는 게 생겨도 그냥 놔둘 수밖에 없지 않은가 싶어요. 다들 그렇게 생각하면 세상이 좀 더 편해질 거라고 보는데요. 이렇게 달관한 듯한 이야기만 하면 읽고 있는 독자들은 화를 낼지도 모르겠네요.

나코시 오해가 없으면 정답도 없겠네요. 정답이란 오해에서 비롯하는 건지도 모르겠습니다. 요전에 우연히 〈일본해 대해전日本海大海戦〉이라는, 미후네 도시로三船敏郎(거장 구로사와 아키라黒沢明 감독의 영화에 주연으로 많이 출연하며 명성을 얻은 배우. －옮긴이)와 가야마 유조加山雄三(1960년대에 반듯하면서도 용기 있는 젊은이 역할로 큰 인기를 얻은 배우. －옮긴이)가 나오는 옛날 영화를 보았는데요, 영화에서 발틱 함대가 어느 경로를 거쳐 블라디보스토크로 향할지 일본 해군이 예측하려 합니다. 하지만 아무리 첩보망을 가동해도 알아낼 수 없어 초조해하지요. 그런데 안개가 짙게 끼어 항로를 잘못 든 일본 구축함이 헤매다가 겨우 아군과 만났다고 생각한 순간 그들이 발틱 함대라는 걸 알게 됩니다. 제가 여기서 하고 싶은 말은 뜻하지 않은 곳에서 뜻하지 않은 것이 나타나듯이 오해를 통해 나타나는 정답도 있다는 것이지요.

요로 오해가 있기 때문에 보다 심오한 정답에 다다르거나, 정답의 폭이 넓어지기도 하겠지요.

나코시 불교에 '신구의身口意'라는 말이 있습니다. 인간의 행동과 행위는 크게 세 가지 '업業'으로 나눌 수 있는데 이는 몸으로 짓는 '신업身業', 입으로 짓는 '구업口業', 그리고 마음으로 짓는 '의업意業'을 말합니다. 이 '신구의'가 어떤 과정을 거쳐 딱 일치할 때가 있습니다. 명상이 바로 그런 상태인데요. 말하기는 쉽지만 그렇게 하고자 마음먹어서 이룰 수 있는 상태가 아닙니다. 그러므로 '신구의'의 일치는 어쩌면 숱한 오해로 둘러싸인 세상에서 생겨나는 한순간일지도 모릅니다. 이런 건 너무나 얻기 힘들기 때문에 오해를 다 배제해서 틀린 것은 이 세상에서 없애고 의미 있는 정답만 세상에 남으면 된다고 생각하는지도 모르겠네요.

요로 요즘 세상에는 의미가 없는 건 필요 없다고 말하니까요. 하지만 오해는 오해인 채로 놔두면 됩니다.

나코시 현실적으로는 어떨까요? 회사에서 상사가 오해하고 있고 그 상사가 의미만을 중시하는 사람이라면요? 아마 그런 사람이 더 많을 텐데, 당사자는 무척 괴롭겠지요. 요로 선생님은 상사에게 '정말 이해가 안 가는 사람이다'라는 취급을 받아본 적이 없으신가요?

요로 없습니다. 그런 사람 밑에서는 일하지 않아요. 참지도 않고요. 나코시 선생도 그런 경험은 없지 않나요?

나코시 음, 저는 대학 시절에 회사원이 될까, 장사를 할까, 의사가 될까 하고 진로를 고민했는데요. 감각이 유별난 저를 이해해줄 상사가 있을 리 없다, 그런 직장이 있을 리 없다고 생각하고 의사가 되기로 결정했고 여름방학에만 열심히 공부를 했지요. '역시 나는 존경할 수 없는 사람 밑에서는 일할 수 없어'라고 생각했습니다.

요로 제 손위 처남이 얼마 전에 돌아가셨는데 그분이 젊었을 때 우리 집에서 하숙을 했어요. 그래서 제가 의사로 전공을 택할 때 조언을 해주셨지요. "스승만큼은 존경할 수 있는 사람으로 택해야 한다. 그러지 않으면 허사다"라고요. 당신의 경험에서 나온 이야기 같은데 처남이 해준 말 중 가장 고마웠던 게 바로 그 충고였어요.

나코시 하지만 대부분의 사람들은 상사를 택할 수 없잖아요.

요로 그만두면 됩니다. 자기가 좋아서 하는 일이잖아요. 지금은 취직이 안 되는 시대도 아니고요. 고용만 보자면 버블 시기(1986년 12월경부터 자금이 주식과 토지에 몰리면서 이들의 가격이 급격하게 상승했다가 폭락하기 시작한 1992년 말경까지를 가리킨다. -옮긴이)에 뒤지지 않아요. 유효구인배율(전국 공공직업안내소에 신청된 구직자 수에 대한 구인 수의 비율. -옮긴이)이 1.3이든가 1.4예요. 도쿄 도에만 한정하면 두 배가 넘는다고 뉴스에도 나왔지요. 지방도 사람이 부족하다고 하고요. 전국적으로 일할 사람이 모자라요. 싫어하는 상사를 참는 건 노후에 무슨 일이 생겼을 때를 대비해서 돈만 벌기 위해서이지요. 그러면 인생에 무슨 의미가 있을까요? 어차피 마지막에는 죽을 뿐이잖아요. 그렇지 않은가요?

나코시 대화를 나누면서 저는 역시 감각을 중시하는 인간임을 새삼스럽게 깨닫게 됐습니다. 의식을 중시하는 사람이라면 '상사니까 말을 들어야지'라고 생각하겠지요. 이는 의식 중심의 세계입니다. 하지만 감각을 중시한다면 존경할 수 있는 인물인가 아닌가가 먼저일 것입니다. 게다가 그 감각은 지속되는 게 아니라 매 순간마다, 상황마다 달라집니다. '아, 괜찮은 이야기네'라든가, '역시 이 사람은 감각이 좋아' 하고 생각했다가도 이튿날에는 시시한 이야기를 해서 고개를 갸웃거리겠지요. 이런 일이 반복되면 '그냥 바보였구나' 하고 깨닫기도 하고요. 이건 감각이라서 끊임없이 갱신되지요. 저는 이 부분이 강한 사람이라고 생각합니다. 그래서 상사나 윗사람에게 "자네가 하는 말에 어떤 의미가 있나?"라는 말을 듣는다면 견딜 수 없을 거예요.

요로 의미가 없는 건 필요 없다고 보는 세상이니까요. 정답이 아니면 의미가 없다고 봐요. 제가 곤충 표본을 보고 있으면 사람들이 "거기에 어떤 의미가 있나요?"라고 물어요. 저는 거꾸로 "당신에게는 무슨 의미가 있느냐"고 물어보고 싶지만요. 무의미하게 살아가는 당신을 나는 순순히 허용하고 있지 않느냐고 말이지요.

나코시 그렇게 말하고 싶네요.

요로 진지하게 대답하자면 곤충은 논리적으로 의미를 파악할 수 없는 부분이 많아서 재미있다고 해야 하는데요. 그렇게 대답하는 것조차 성가셔요. 즐거우니까 관찰하는 것이고 딱히 의미를 찾으려고 하는 게 아니니까요.

나코시 의미를 묻기에만 급급한 것 같네요.

요로 의미를 추구해서 세계를 만들고, 시스템을 만들고, 그 안에서 열심히 노력하는 것이겠지요. 곤충 같은 것을 보고 있어봤자 실용성이 없어요. 하지만 재미있어요. 저 이외에도 실용성 없는 것을 좋아하는 사람들이 있고 그런 사람들끼리 모여요. 주위에서는 왜 저러고 있느냐는 식으로 보겠지만요.

나코시 분명 그렇겠지요. 하지만 뭐랄까, 제 경우에는 의미라든가 의도를 물으면서 얻는 쾌감도 있습니다. 저게 뭘까 하고요. 일단 정리가 되거든요. 이 지점에서 다음 단계로 나아갈 수 있게 해준달까요. 정답은 아니어도 조금 정리를 하고 '자, 다음으로 나아가볼까' 하는 식이지요.

요로 그야 그렇지요. 인간에게는 분명 의도를 알고자 하는 지향성이 있어요. 젊은 사람에게 그런 경향이 강하다고 아까 이야기했지요? 하지만 나이를 먹을수록 '그래봤자 소용없다'는 생각이 커져요. 현역에 있는 세대는 이해하기 어렵겠지만요.

나코시 무슨 말씀이신지는 알겠습니다. 불교를 공부할 때도 느끼게 되는데요. 불교는 종교의 측면 이상으로 철학이나 심리학의 측면이 강합니다만, 가장 놀라웠던 것이 "분별은 망상이다"라는 말이었습니다. "무분별지無分別智

가 지혜智慧이다"라고 쓰여 있거든요. 무분별이란 일반적으로 말하자면 '바보'를 뜻하는데 총체적인 주관이나 객관의 대립을 떠난, 말하자면 진실된 지혜가 '무분별지'이며 여기에 도달해야만 한다고 합니다. 세속적으로 이야기해보자면 "도둑에게도 할 말이 있다"는 말이 있듯이 아주 넓은 견지에서 악과 선, 이 두 가지 힘이 세계를 만들고 있다고 봐야만 진실을 발견할 수 있다는 뜻입니다. 예를 들어 이런 인상적인 말씀과 같은 놀라운 깨달음에 도달하려면 사고를 멈춰야만 하고, 그러지 않으면 무분별지의 영역에 도달할 수 없는 것이지요. 사고를 멈춘다는 게 무척 중요한데요, 실제로는 '그렇구나, 무분별지를 이해해야만 하겠구나' 하면서 점점 더 사고하는 쪽으로 가거든요.

요로 대체로 그렇지요.

나코시 사고를 멈추면 '무無'이니까 무섭지요. 하지만 불교에서는 '조금 사고를 정지시켜보자'라고 권합니다. 그렇게 하면 또 다른 분별과 마주하게 되고 그것이 무분별지의 시작이라는 것이지요. 우리는 사고를 멈추는 걸 본능적으로 두려워하지만 사고를 멈추지 않으면 다른 단계로 나아갈 수 없어요. 어디에서도 볼 수 없는 개성적인 철학이에요. 그래서 처음 불교 경전을 읽었을 때 불교가 참 대단하다고 생각했습니다. 《사피엔스(김영사, 2015)》라는 유발 하라리Yuval Noah Harari의 책이 화제인데 그도 책 끝부분에서 불교는 특이한 철학이라고 이야기합니다. 학생들에게 이런 이야기를 하면 "아무것도 생각하지 않는다는 건 무의 경지를 말하는 건가요?"라고 묻습니다. 저는 "아니요, 그게 아닙니다"라고 답합니다. 그 질문 자체가 '무의 경지'에 이미 의미를 부여하고 있는 것이니까요. '무'라는 것 자체를 모르는데 '무'를 알고 있다는 문맥에서 말하고 있어요. 의미가 있는 세계를 또 하나 멋대로 만들고 거기에서 살고자 할 뿐이지요. 자신이 만든 '무'를 향해 열심히 달려가는 거예요.

2장

이해와 오해 사이

오해에 대한 오해

나코시 그러고 보니 오해와 관련한 일화가 하나 있습니다. 요전에 어떤 사람이 "선생님, 전에 그런 말씀을 해주셔서 결심이 섰습니다"라는 감사 인사를 한 적이 있습니다. 그런데 저는 기억이 나지 않았어요. 이것도 하나의 오해이지요. 그 사람이 뭔가 결심하도록 할 작정으로 말했는지 아닌지는 알 수 없어요. 결과적으로 성과는 났을지 모르지만 저의 어떤 말 한마디 때문에 상대방이 바뀌지는 않아요. 그러고 보면 나쁜 오해와 좋은 오해가 있는 걸까요? 위와 같은 오해는 놔둬도 괜찮은 오해겠지요. 오히려 그런 오해가 꽤 많을지도 모르고요. 이렇게만 생각해도 현대인이 받는 대부분의 스트레스가 사라질지도 모르겠네요.

요로 오해란 건 풀겠다고 마음먹고 설명해도 쉽게 풀리지 않아요. 일대일 관계라면 어떨지 모르겠지만 오해하고 있는 사람이 많으면 참 힘들어요. 저도 사람이 많이 모이는 곳에서 강연을 할 기회가 꽤 많은데 예를 들어 천 명 앞에서 강연을 하면 그중 몇 사람이 어떤 식으로 반응을 할지 저는 알 수 없어요. 게다가 그 반응에 대해 또 다른 누군가가 반응하지요. 오해가 이런 식으로 뻗어나가면 저는 오해를 풀 방법이 없어요. 오해가 소용돌이치는 가운데 "아니, 제가 말하고자 했던 건 사실 이겁니다"라고 소리쳐봤자 의미가 없어요.

나코시 무슨 말씀이신지 잘 압니다. 그 상황이 눈앞에서 막 떠오르는 듯하네요. 이미 일종의 게임이 되는 듯한 느낌이지요.

요로 말을 주고받는다는 것은 게임과 비슷하지요. 아까 이야기했던 렌가 같은 겁니다. 말이 예기치 못한 방향으로 튀거나 머물러요. 좀 더 무책임한 이야기를 해보자면, 이 나이쯤 되면 장소와 상황에 따라 그 순간만 무사히 넘어가면 다행이라고 여기게 돼요. 그러면 아무도 어려움에 처하지 않아요. 모든 상황을 올바른 논리와 올바른 방향으로 끌고 가야겠다는 시도는 거의 의미가 없다는 생각이 들어요.

나코시 네, 분쟁이 일어났을 때 당사자가 갑자기 두 손을 들고 항복해도 오히려 불에 기름을 붓는 격이 되어 일이 커지는 경우가 많지요. 그래서 변호사가 있는 거지요.

요로 내가 옳다는 주장은 학문상에서만 하는 편이 무난하지요. 그쪽도 수습이 안 되어 큰 논쟁이 벌어질 때도 있지만요. 하지만 학문상의 논의란 추상적이라서 일상과는 관계가 없어요. 솔직히 말하면 학문은 어떻게 되어도 상관없는 거예요.

나코시 선생님께서 그렇게 말씀하실 줄은 몰랐습니다. 사실이지만 극단적인 말씀이시네요.

요로 극단적이지만 오해를 푸는 것이 어렵다고 인정하면

생각을 어떻게 정리할지도 도움이 된다는 의미입니다만.

나코시 무슨 말씀이신지 압니다. 괜히 "오해를 풀자!"라며 기를 쓸 필요는 없다는 의미에서도 그런 말씀을 하신 거지요.

요로 두꺼운 학술서 같은 걸 보면 두께만 봐도 "아, 이 책을 쓴 사람은 역시 잘 모르는구나" 하고 생각하게 돼요. 잘난 체하려는 건 아니지만 설명이 너무 길면 누가 읽겠어요? 그런 책은 구성이 뻔하지요. 처음에 어려운 주제를 제시하고, 그 다음에 지식과 정보만 줄줄이 늘어놓아요. 하지만 지식과 정보보다 인식에 도달하기까지의 과정이나 거기에 이르기까지의 시간의 흐름이 더 중요해요. 그 과정과 시간 속에서 발버둥치면서 이러이러한 답에 도달한다는 것, 이것이 가장 중요한 지점이지요. 잘 모르는 사람이 많지만요.

나코시 거기에 도달하기까지의 과정이나 이야기가 읽는 사람의 마음을 움직이게 하지요. 그 과정 없이 정보와 결론만 말하면 이해할 수가 없어요. 영화도 그렇지 않습니까? 대부분의 영화가 '포기하지 않으면 꿈이 이루어진다'라든가 '절망 안에 기회가 있다'는 메시지를 담고 있거든요. 그런데 관객은 얼마 안 되는 돈을 지불하고 고작 두 시간 동안 영화를 보지만 제작하는 쪽은 이를 위해 엄청난 제작비를 들여요. 〈바람과 함께 사라지다Gone with the Wind〉처럼 네 시간짜리 영화도 있지만 결국 이 영화에서 이야기하려는 바는 '내일은 내일의 태양이 뜬다'예요. 거기까지 가는 과정이 있기 때문에 '맞아. 내일은 또 내일의 태양이 뜨는 거야'라는 메시지가 와닿는 거지요. 메시지 자체보다 그 과정이 사람 안에 있는 공감의 버튼을 누르는 거니까요.

이해하려 애쓰면 오해하게 된다

나코시 선생님께서는 젊은 시절에 술집에 가서 다양한 사람을 만나 단련도 하고 고민이 있을 때는 독한 술을 마시기도 했다고 하셨는데 역시 선생님도 불안감 같은 것이 있으셨나요?

요로　뭐, 독한 술만 마신 건 아니었어요. 세상에는 평균적인 가치관이라는 게 있지 않습니까? 상식이라고 말해도 될 텐데요. 거기에 제 자신이 얼마나 잘 들어맞고 얼마나 벗어나 있는가 하는 거리감이 있잖아요? 이 상식에 대한 거리감이 살아가는 데 꽤 중요하다고 봅니다. 이로 인해 삶의 방식이 바뀌기까지 한다고 생각해요. 그런데 저는 어떠했느냐면, 절대로 세상의 상식과 맞지 않는다고 생각했지요. 어린 시절부터요.

나코시　왜 그렇게 생각하셨나요? 이유가 있으신가요?

요로　이유는 잘 모르겠지만 줄곧 그렇게 생각했어요. '이 세상에는 이미 내 상식과 다른 세계가 형성되어 있다'라고요.

나코시　하하, 그렇다면 그 세계에 사는 사람들은 다른 종족 같은 존재인 건가요?

요로　그렇지요. 이미 다른 종족이 존재하고 있고, 내가 거기에 속할 수 있을까 싶었어요. 그러면 어떻게든 사람을 이해하고 싶어져요. 다른 세계에 속하려면 그 세계에 살고 있는 사람을 알아야만 하니까요. 이 종족은 무엇을 어떻게 생각할까 하고 말이지요. 이 생각은 어린 시절부터 고등학생, 대학생 시절까지 이어져서 아까 이야기했던 대로 정신과의 문을 두드리려 했지만 연이 닿지 않았어요. '알려고 해봤자 소용없지 않을까' 하고 서서히 깨닫게 된 것은 그보다 오랜 뒤이고요.

나코시 저는 정신과를 통해 사람을 이해하려는 행위는 결국 사람을 관찰하려는 행위라는 견해도 성립한다고 생각합니다. 선생님은 도쿄 대학에서 해부학을 전공하고 박사 학위를 취득하셨는데, 해부학 또한 사람을 관찰하는 학문이 아닐까요? 이 책을 읽는 독자들 가운데에는 사람을 알려면 다양한 것을 관찰해야 한다고 생각하는 사람도 많을 것 같아서 드리는 말씀입니다.

요로 해부는 살아 있는 사람을 보는 관찰과는 반대편에 놓여 있지요. 상대방은 아무 말도 하지 않으니까요. 나에 대해서도 생각하지 않아요. 알려고 하는 사람은 이쪽이에요. 절대로 속을 염려도 없어서 좋아요.

나코시 그렇군요. 일반적인 인간 관찰과는 정반대 편에서 시작하신 셈이네요.

요로 그럴 목적으로 시작한 건 아니지만 제게는 가장 편안한 작업이었어요. 나코시 선생처럼 살아 있는 환자를 마주했다면 아마 저는 해부를 할 때처럼 차분하지 못할 거예요. 주사를 잘못 놓아도 안 되고 약을 잘못 처방해도 큰일이지요. 젊은 시절, 임상의를 포기한 이유 중 하나가 주사를 놓는 게 무서워서였어요. 자신이 없으니까 "괜찮으세요?", "기분은 어떠세요?"라고 계속 물어서 도리어 환자의 기분을 상하게 해요. 그래서 나는 임상의는 못 되겠구나 하고 생각했지요.

나코시 그 이야기는 들은 적이 있습니다. 의외네요. 하지만 의사란 바로 그런 일을 해야 하는 사람이니까요. 그 무렵 대형 병원에서 소독약에 사용되는 계면활성제를 수액에

넣는 사고가 있었지요.

요로 이것저것 걱정하면서 나는 도저히 의사는 무리라고 생각하게 되었어요. 하지만 시신은 이미 사망한 상태이니 더 이상 사망할 일이 없어요. 해보면 알게 됩니다만 그만큼 마음을 차분하게 만들어주는 작업이 없어요. 지금도 그렇게 생각합니다. 해부를 하잖아요? 그 작업의 결과는 전부 자신에게 돌아와요. 환자가 아니라 해부하는 사람이 모든 책임을 지는 거예요. 해부를 하다가 손을 베거나 다리를 꼼짝할 수 없는 경우가 있는데 그건 전부 자신이 한 일이지요. 온전히 자기가 한 행위의 결과만이 남는 거예요. 시신에는 아무런 책임이 없지요. 하지만 살아 있는 인간과의 관계에서는 상대방이 멋대로 움직여요. 당연한 얘기이지만요. 그에 맞추어 자신도 대응해야 하고요. 책임의 소재가 애매해요. 문제가 생겼을 때 누구 탓이라고 단언할 수 없어요.

나코시 생각해보니 시신은 관찰하기에 가장 적합한 대상이네요. 상대방의 축은 움직이지 않으니까요. 하루 종일 관찰하고서 '오늘은 여기까지 하자' 하고 끝내고, 다음 날에는 거기에서 시작하지요. 해부하는 사람만이 움직여요.

요로 그렇지요. 저는 계통해부학을 했는데 시신에 포르말린으로 방부 처리를 하면 몇 년이 지나도 그 모습 그대로예요. 그런 시신을 한 달이나 두 달에 걸쳐 해부하지요. 오늘 해부를 한 다음 천으로 덮어 놓고 집에 돌아갔다가 다음 날 다시 와서 천을 걷으면, 당연한 얘기이지만 어제의 마지막 상태 그대로예요.

나코시 살아 있는 인간은 절대로 그럴 수 없지요. 몸도 마음도 그야말로 순간이고, 매일 변화합니다. 살아 있는 인간은 관찰 대상이 될 수 없지만 그럼에도 사회적으로 관찰하고 이해해야 할 때가 있어요. 그래서 다들 '이해해야만 한다'고 생각하고 '내가 이렇게 하면 상대방은 이렇게 할 것이다'라는 고정적인 인식에 빠지는 것 같아요.

뇌로 생각하고 만들어진 세상

요로　시신 이야기가 나왔으니 말인데요, 도시는 사람의 몸을 금기시해요. 사회는 암묵적으로 '뇌화腦化'를 지향하거든요. 감각으로 파악하는 사회가 아니라 뇌로 생각하며 만들어진 사회, 그 안에서 사람들이 살아가는 사회를 저는 '뇌화 사회'라고 부릅니다. 뇌화 사회는 '신체성'을 억압해요. 시신이 아니라 신체 자체를요. 몸을 금기시하지요. 중세에 도시 사회가 성립하면서 유럽과 일본에서 차별받는 최하층 계급이 발생하는데 그들이 가지는 직업 중 하나가 신체를 직접적으로 다루는 일이에요.

나코시　선생님 말씀이 맞네요. 신체가 금기이기 때문에 옷을 입게 되었지요. 신체는 자연이고 도시는 그 자연을 배제하는 장소네요.

요로　시체는 기분 나쁜 것이고, 인간이 아닌 사물이며 가급적 보이지 않았으면 좋겠다고 생각하지요. 인간과 시신을 다른 존재로 보는 사회가 되어가고 있어요.

나코시 자신들의 생활문화와 신체를 격리하고 서로 관계없는 것으로 간주하면서요.

요로 저는 그에 대해 "신체를 우회한다"라고 표현해요. 그렇다면 시신이 아닌 인간은 무엇일까요? 그건 마음입니다. 마음의 실체를 느끼는 감각, 실재한다는 감각을 갖는 것이야말로 문화적인 인간이라고 생각하게 되지요.

나코시 그 실체감을 부여하는 건 인간의 뇌고요. 뇌가 생각하니까요.

요로 그렇지요. 하지만 뇌의 움직임이 소멸하면 어떻게 될까요? 실체감이 사라집니다. 그래서 시신은 인권이 없는 사물이라고 의식해왔어요. '뇌가 움직이지 않는 육체는 인간이 아니다'라고 생각하는 사회가 인간의 신체를 소중히 할 리가 없다고 말하고 싶네요.

나코시 뇌화된 사회는 인간의 신체를 소외시키는 사회라는 말씀이군요.

요로 해부를 하다 보면 사람과 접촉한다는 것의 의미를 알게 돼요. 표정이 있었던 부분은 아무리 봐도 거북한 느낌이 들지요.

나코시 사람은 무의식중에 상대방의 표정을 읽으려 하니까요. 죽은 사람은 표정이 없으니 아무리 봐도…….

요로 어쩐지 기분이 나쁘다는 느낌이 들지요.

나코시 가장 무서운 부분은 역시 눈일까요?

요로 물론 눈도 무섭지만 손도 그래요. 눈과 손 해부를 가장 꺼렸어요. 상대방의 손을 움켜잡아야만 하는 일이잖아요. 특히 제가 젊었던 시절에는 장갑도 끼지 않고 맨손으로 해부를 했으니까요. 그러면 가장 꺼리게 되는 게 손이에요. 배 같은 곳은 오히려 괜찮아요. 원래 표정이 없으니까요.

나코시 아, 정말 그럴 것 같네요. 화가나 만화가도 손을 자연스럽게 그리게 되었을 때 비로소 한 사람의 작가로 인정받거나 혹은 그 이상이 된다고 하지요. 아주 미묘한 차이일 뿐인데 부자연스럽게 보이기도 하니까요. 죽은 사람의 손도 살아 있는 것처럼 보이지요. 오싹해요. 죽은 사람은 무섭지 않지만 죽은 사람의 손을 말끄러미 보고 있으면 정말 무서울 것 같습니다.

요로 손은 표정이 풍부한 부분이니까요. 그래서 보고만 있어도 어딘지 꺼림칙해요. 해부를 시작한 지 10년쯤 지나서야 왜 나는 시신의 손이 싫을까 생각하게 되었고 그건 움직이지 않기 때문이라는 사실을 깨달았어요. 손은 참 무서워요. 일상생활에서는 움직이지 않는 손은 없어요. 그러고 보니 이탈리아 공포 영화 중에 손을 잘 사용해서 무척 무서웠던 작품이 있었는데요, 손의 의미를 잘 아는 작품이었어요. 그래서 악수라는 행위는 참 상징적인 듯해요. 흥미로운 의식이지요. 술집에서 옆에 앉은 사람의 손을 잡으면 앗, 하고 놀라서 피해요. 역시 손 잡기에는 특별한 의미가 있다는 걸 알 수 있지요.

나코시 표정을 읽을 수 없어서 기분 나쁘다는 점에서는, 살아 있는 생물은 아니지만 노能(일본의 전통 가면극. –옮긴이)에 쓰는 가면도 그렇지 않습니까? 제 외가는 동네 의원이었는데 어린 시절에 종종 거기에 갔거든요. 대기실에는 노에 쓰는 가면이 걸려 있었는데 과자를 가지러 가거나 하면 그 가면이 꼭 눈에 들어와요. 무척 무서웠습니다. 뛰쳐나오기도 했어요. 노 가면도 표정이 없지요.

요로 예전에 어느 백화점에 갔을 때인 것 같은데요. 무슨 행사였나 특산물전에서 노 가면을 걸어놓았어요. 그걸 조명이 비추는데 유심히 봤더니 조명이 자동으로 돌아가고 있었어요. 빛이 움직이면 가면의 그림자가 움직여 표정이 나타나요. 그러면 별로 무섭지 않아요. 거꾸로 움직이지 않으면 무서워서 손님이 뛰쳐나올지도 모르지요.

나코시 하하, 그렇다면 그 백화점은 노 가면의 무서움, 표정을 읽을 수 없어서 생기는 공포심 같은 걸 알고 있었을지도 모르겠네요. 역시 노 가면은 놀랍네요.

요로 어느 정도는 이해하고 있었을지도 모르지요. 장사에 지장이 생기니까요.

나코시 정신과 의사의 입장에서 말하자면 표정이 변하지 않는 사람은 마음에 병이 있는 경우가 많아요. '표정이 굳어 있다'라고 말하는데요. 그런 사람들이 참 많아요.

요로 에도 시대의 기록을 보면 어린아이들이 잘 웃는다는 이야기가 나와요. 당시 외국인이 남긴 기록에도 "일본은 아이들에게 좋은 나라다"라는 말이 실려 있어요.

나코시 그렇군요. 스트레스가 쌓여 마음에 병이 생긴 사람은 웃지 않으니 표정이 굳어 있지요. '생기가 없다'라고 말하는 상태인데요. 그것도 일종의 기분 나쁨과 상통해요. 정신과 의사들은 이미 익숙해져서 아무렇지도 않지만요.

요로 30년 가까이 해부를 하면 시신이 일상이 돼요. 눈앞에 있는 게 당연한 존재이지요. 하지만 일반 사람은 시신을 볼 기회가 거의 없으니까 상상 속의 존재예요. 상상 속의 시신은 무섭지요. 제게는 눈앞의 현실이니까 그저 시신일 뿐이에요. 물론 시신이 되지 않는 사람은 없어요. 시신이 무섭다고 하지만 자신도 언젠가는 시신이 되잖아요. 그렇다면 자기 자신이 기분 나쁜 건가요. 결국 기분이 나쁜 이유는 자기가 시신이 된다는 게 감각적인 사실로 다가오지 않기 때문이에요. 죽음을 받아들이지 않는 거지요.

곤충을 관찰하는 데는 오해도 정답도 없다

나코시 선생님은 곤충을 관찰하는 걸 무척 좋아하셔서 곤충에 대해 상세한 지식을 갖고 계시고 책도 출간하셨지요. 관찰의 대상으로서 곤충은 어떻습니까?

요로 마침 오늘 이 대담을 끝낸 뒤에 하코네箱根 쪽 집에 가서 곤충 표본을 보려고 해요. 생각만으로도 벌써 들떠요. 곤충을 보고 나서 집에 돌아가면 원고가 빨리 쓰여요. 의욕이 생기지요. 거꾸로 곤충을 관찰하지 않고 도쿄에만 있으면 아무것도 할 마음이 생기지 않아요. 곤충을 한마디로 말하면 '쓸데없는 게 아무것도 없다'고 할 수 있어요.

나코시 나와 곤충 말고는 아무것도 없다는 말씀이신가요?

요로 외부의 간섭이 전연 없다는 뜻이지요.

나코시 아, 그렇군요. 간섭이 없다는 의미에서는 해부와 통하는 면이 있네요. 사람과 사람 사이의 커뮤니케이션과는 전혀 다르네요.

요로 그렇지요. 곤충을 어떻게 관찰하느냐는 내 마음대로예요. 관찰 방법이 정답인가 정답이 아닌가는 아무 상관이 없어요. 오해와 착각 때문에 곤충 표본이 나에게 화를 낸다든가 곤충과 내가 어색한 사이가 되지도 않지요. 어린 시절부터 이런 것들을 좋아했어요. 이런 작업이 내게 가장 잘 맞고 즐겁다는 사실을 알았지요. 한편 인간에 대한 행동은 다양한 반응이 돌아와요. 젊은 시절에는 생각이 많았어요. '내가 이런 곳에 있어도 괜찮을까?', '세상 사람들이 받아들여줄까?' 하고요. 그래서 거꾸로 '세상을 이해하자'라든가 '사람을 이해하자'라는 동기가 나오지요. 어떻게 보면 그 동기 덕분에 지금까지 살아온 게 아닐까 싶어요. 또 곤충의 좋은 점은 오래 관찰하고 나면 사람이 보고 싶어진다는 거지요. 전에 일주일 정도 곤충을 관찰했더니 사람이 그리워졌어요. 역시 반응이 있어야 하는구나 싶고, 전철역 매점의 직원이건 누구건 보고 싶어졌어요. 저는 속세를 벗어난 사람이 못 되니까요.

나코시 인간 존재의 고마움을 재인식한다는 건 좋은 일이네요. 그리고 관찰의 대상이라는 의미에서는 하이쿠俳句(5·7·5의 3구, 17음으로 이루어진 일본의 단시. -옮긴이)도 괜찮을 것 같습니다. 최근 텔레비전 등에서도 유행하고 있는데, 자연과 마주하며 감각과 직감으로 파악한 것을 5·7·5의 짧은 시로 풀어내기란 상당히 어려운 일이지요. 게다가 이 이상 표현할 길이 없다고 느낄 정도로 쓰기란 더 어렵고요. 하지만 즐거운 일이지요. 숲을 걸으며 상쾌한 기분이 되는 것과 비슷해요.

요로 멋지지 않습니까? 하이쿠는 정답이 없으니까 오감

을 사용해야 해요. 우선 몸을 움직여야지요. 밥을 먹을 때도 '오늘은 비타민 몇 그램을 먹자'는 식으로 머릿속 정보에만 따를 게 아니라 실제로 채소를 만져보고 냄새도 맡아봐야 하지요. 못해도 괜찮으니 요리를 하면서 설익히거나 태워보기도 하고요. 그러다 보면 분명 좋은 시가 떠오르거든요. 저는 줄곧 그걸 강조해왔어요.

나코시 예전에 아쓰미 기요시渥美清(일본의 장수 영화 시리즈 〈남자는 괴로워男はつらいよ〉의 주연으로 유명한 배우. -옮긴이) 씨가 남긴 하이쿠를 소개하는 텔레비전 프로그램에 출연한 적이 있는데요, 〈게, 나쁜 장난을 친 것처럼 살아간다蟹悪さをしたように生き〉라는 시가 있어요. 그 시를 본 순간 대단한 시라고 생각했습니다. 더 이상 하이쿠를 쓰고 싶지 않더군요. 이런 시는 쓸 수 없을 것 같았어요. 5·7·5의 규칙도 지키지 않았고, 문자를 늘어놓은 방식도 거칠고 세련되지는 않았지만 표현이 가진 힘이나 말을 고르는 방식이 절묘하다고 느꼈습니다.

요로 옆으로 걷는 게를 보고 자신을 투영한 시로군요. 어떻게 이런 시를 쓸 수 있느냐고 물어도 대답하지는 못할 거예요. 스스로 느끼는 수밖에 없지요. 그래서 하이쿠가 좋은 겁니다. 또 차茶도 좋아요. 다실 안에서 치르는 하나의 의식이니까요. 넓이도 절묘하지요. 그 정도 크기의 공간에서는 상대방의 호흡까지 알 수 있어요. 대화를 잘 나누지 못하는 사람도 크게 고민하지 않고서도 시간을 잘 보낼 수 있어요. 사람과 마주하기에 딱 알맞은 공간이에요. 저희 집에도 다실이 있어요.

나코시 흥미롭네요. 단지 좁은 공간에서 차를 내리고 마실 뿐인데 그 행위에서 무언가를 느낄 수 있으니까요. 처음에 말씀하신 렌가라든가 지금 이야기한 하이쿠나 차 등 여러 가지 문화가 일본에 있었네요.

사람 때문에 지쳤다면 사람이 아닌 것을 상대하라

나코시 관련해서 좀 더 이야기하자면, 저는 2년 전부터 노래를 하고 작사와 작곡을 시작했습니다. 노래는 '의식意識'이 앞서는 행위입니다. 노래방에 가면 어떤 가수를 따라 한다는 의식이 있는데 어느 순간 그것으로는 성이 차지 않습니다. 하지만 자신이 만든 노래는 자기밖에 부르는 사람이 없어요. 콘서트장에서 부를 때와 혼자서 부를 때도 전혀 다릅니다. 부르는 방식도 달라요. 이건 역시 '의식'이 '감각'의 세계에 침투한 것이라고 생각합니다. 그렇게 생각하다 보면 내가 만든 노래인데도 그 노래를 '잘못 부르는' 것만 같아요.

요로 노래방과 진짜 연주는 전혀 다르지요. 노래방은 늘 같아요. 디지털이니까 언제나 똑같지요.

나코시 그렇습니다. 미묘한 차이에 따라 곡 전체의 분위기가 달라지지요. 프로 가수라면 그것이 자신의 세계관이겠지요. 의식에 머무르지 않고, 의식 안에 갇히지 않고 세계를 향해 감각을 펼치는 순간이랄까, 그 느낌을 알 수 있습니다. 그런 의미에서 하이쿠를 짓는 것처럼 노래를 만들고 부르는 것도 좋을지도 모르겠네요.

요로 사람 때문에 지친 사람이라면 인간이 아닌 것을 상대하면 좋습니다. 살아 있는 인간을 상대하니까 의심암귀疑心暗鬼(의심하는 마음이 있으면 대수롭지 않은 일까지 두려워서 불안해함)가 되는 거거든요. 뭐든 좋아요. 지인이 논을 갖고 있다면 가서 일을 도와주세요. 새소리를 들으면서 묵묵히 손을 놀리고 흙을 파헤치면 무언가를 느끼게 돼요. '기분 좋다'라고 느끼기만 해도 괜찮아요.

나코시 이종異種이 좋을 것 같네요. 종種이나 속屬이 전혀 다른 것, 하이쿠나 차, 돌이나 나무 등이요. 저는 부처님과 만나고 있습니다. 절의 공기에 흠뻑 빠져 있지요. 아까 합기도의 '동조' 이야기를 했는데 불교에서 말하는 '행行'은 '대상과 동조한다'는 데 의미가 있습니다. 수령이 몇 백 년인지 모를 멋진 거목을 보면서 '멋지다', '아름답구나' 하고 느끼면서 자신을 동조시키면 자의식이 줄어들지요. 거목과 자신의 접점이 서로 녹아드는 느낌이랄까요. 그래서 '행'은 자의식을 축소시키는 효과가 있습니다. 이종을 접하는 것과 비슷하지요.

요로 저도 종종 라오스에 곤충을 채집하러 갑니다. 곤충을 관찰하는 데 집중하다 보면 가끔 스스로 곤충이 된 것 같은 기분이 들곤 해요. 딱히 의식하지 않지만 몇 주 동안 곤충을 보고 있으면 저절로 그렇게 돼요. 곤충의 입장에서 사물을 생각하거나 하지요. 인간의 말로 생각하거나 말하는 게 귀찮아져요. 매번 그런 건 아니지만 그럴 때가 있어요. 그 순간도 하나의 동조라고 할 수 있겠지요.

한 귀로 듣고 한 귀로 흘리는 게 나을 때도 있다

나코시 '사람이란 무엇인가'를 과학의 시점에서 생각하는 게 인간과학 분야라고 생각하는데요, 선생님께서는 인간과학 책도 여러 권 내셨지요.

요로 인간에 대해 생각하다 보면 결국 '사람이란 무엇인가'라는 방향으로 가게 돼요. 내 입장에서 보면 사회 전체가 이방인 같으니 그 이방인을 어떻게 이해하면 좋을까

하는 가장 기초적인 생각부터 시작하지요. 저는 '마루'라는 이름의 고양이를 기르고 있는데 고양이와 사람은 어떻게 다를까 하고 생각해요. 인간의 경우에는 죽은 사람을 관찰하는 데서부터 시작한다고 할까요. 죽은 사람은 절대로 거짓말을 하지 않고 서로 오해할 일도 없으니까요.

나코시 무슨 말씀이신지 알겠습니다. 저도 정신과 의사로서 지금까지 4천 명이 넘는 환자를 상담했는데요, 오해를 부를 만한 표현일지도 모르겠지만 굳이 간단하게 표현하자면 너무 직접적으로 상대방의 의중을 물어보면 서로 오해가 쌓인다고 느낄 때가 있어요.

요로 맞아요. 그렇겠지요.

나코시 이해받고 싶은 마음이 큰 나머지 이야기에 연출이 들어가고 자신이 믿고 있는 '또 다른 나'를 표현하려고 하거든요. 주의를 기울이지 않으면 그런 장대한 연출에 저 자신도 말려들어가요. 상대방의 말을 진지하게 들으면 들을수록, 말의 의미를 순수하게 이해하려고 할수록 결과적으로는 현실에서 격리되어갑니다. 해결의 실마리를 찾을 수 없는 곳으로 빠져버려요.

요로 아까 이야기한 것처럼 오해 위에 또 다른 오해가 생겨나는 거지요.

나코시 그렇습니다. 그래서 7~8년 전쯤 사고방식이랄까, 상담 방식을 크게 바꾸었습니다. 앞에서 '발작'이라는 표현을 썼는데요, 순간적인, 청천벽력 같은 순간을 기다리는 상담만 하게 되었어요. 즉, 상대방이 무척 무거운 이야기나 진지한 이야기를 할 때 굳이 그걸 뒤섞어 엎는달까요. 이것도 오해를 일으킬 수 있지만 극단적으로 말하면 이야기를 한 귀로 듣고 한 귀로 흘려보내는 시간도 있어요. 물론 듣지 않는 것이 아니라 일부러 그러는 것이지요.

요로 일부러 한 귀로 듣고 한 귀로 흘려버리면서 어떤 순간을 기다린다는 것인가요?

나코시 네, 바로 그것입니다. 그리고 어느 순간, 말로는 잘 표현하기 힘든데요, 애매하고 답답한 어떤 순간에 '아, 바로 지금인 것 같다'라는 느낌이 들면 이쪽에서 말을 탁 꺼냅니다. 결과적으로 이런 상담 방식이 가장 효율적이고 상대방의 기분을 불필요하게 깨지 않으면서 진행하는 방법이라고 생각합니다. 그 순간은 계산할 수 없고 계산이나 논리와는 전혀 다른 것이거든요. 순간적으로 어떤 생각이 번쩍 들거나 마치 내가 하는 게 아닌 듯한 말이 나오는 순간은 5분 만에 올지, 세 시간이 걸릴지는 알 수 없지요. 그래서 상담은 시간을 정해놓고 "한 시간에 얼마입니다"라는 식으로 돈을 받을 수는 없다고 생각해요. 극단적이라고 하실지도 모르겠지만 제 생각은 이렇습니다.

요로 임상심리학자 가와이 하야오河合隼雄 선생은 상담의 비결이 뭐냐는 질문을 받을 때마다 "맞장구를 치는 방법"이라고 대답했지요. 상대방의 이야기를 듣고 언제 어디쯤에서 어떻게 맞장구를 치느냐가 전부라는 거예요. 이야기를 듣지 않으면 상대방이 화를 내니까 아까 이야기한 것처럼 한 귀로 듣고 한 귀로 흘리면서 아주 적절한 순간에 맞장구를 치는 것이지요.

나코시 고개를 끄덕이는 건 상대방을 승인한다는 면이 있지요. 거꾸로 말하자면 상대방은 승인받고 싶어 해요. 그래서 일본인이 상대방의 말을 들으며 고개를 잘 끄덕이는지도 모르겠네요. 옛날에 노구치 하루치카野口晴哉(신경과 근골격계를 손으로 만져 교정하고 통증을 없애는 수기 치료를 일본식으로 발전시킨 전문가. －옮긴이) 선생님의 강연록을 읽었을 때 '아, 지금까지 내가 한 건 다 뭐였나' 싶은 강렬한 느낌을 받았습니다. 어느 날 노구치 선생님에게 한 여자분이 찾아와서 자신이 오랫동안 교제해온 남자를 비난했다고 합니다. "선생님, 제 얘기 좀 들어보세요. 그 사람 정말 나쁜 남자예요"라고 말이지요. 그래서 선생님이 그 이야기를 한 시간가량 죽 듣고 있었는데 끊임없이 악담만 늘어놓던 그 여자분이 "하아" 하고 한숨을 쉬더랍니다. 그 순간 노구치 선생님이 "그래서 식은 언제 올립니까?" 하고 물었다고 해요.

요로 그게 바로 '순간'이지요.

나코시 맞습니다. 그야말로 '순간'입니다. 그랬더니 그 여자분이 훌쩍훌쩍 울면서 결혼식은 언제라고 이야기하고 얌전히 돌아갔다고 해요. 그 모습을 본 제자들이 깜짝 놀라서 어떻게 된 일이냐고 물었더니 노구치 선생님은 "다 그런 것 아니겠나" 하고 태연히 대답했다는 이야기였습니다. 이 이야기를 읽으면서 지금까지 내가 했던 상담은 뭐였나 싶었습니다. 책을 읽었을 때가 30대 후반이었는데, 그때 잠시 '아, 내가 잘못해온 건 아닐까' 싶은 생각이 들었습니다. 하지만 그때는 젊었고 제 능력에 대한 관성이 작용해서 '아냐, 그럴 리가 없어!'라고 의지를 불태우며 계속 노력했어요. 하지만 점점 생각이 바뀌었어요.

요로 옛날부터 내려온 말이 있지 않습니까. "부부싸움은 칼로 물 베기"라고요. 이 말은 정말이에요. 다른 부부의 싸움에 끼어들어 어느 한쪽의 편을 드는 건 절대로 하지 말아야 하는 일이지요. 상담이 아닌 한 서로의 신경을 건드리지 않고 넘어갈 수가 없어요. 그렇게 불만을 말한다는 건 오히려 관계가 깊어져서 헤어질 수 없다는 얘기이니까요. 물론 실제로는 좀 더 복잡한 사정이 있겠지만 미련이 없다면 불평도 하지 않아요. 정말로 싫다면 인연을 끊으면 돼요. 불만을 말하기 전에 눈앞에서 사라지는 거지요.

나코시 그럴지도 모르겠네요.

'변함없는 나'는 없다

요로 아까 '한 귀로 듣고 한 귀로 흘린다'는 이야기가 나왔는데요. 저도 진지하게 듣지 않을 때가 있어요. 자식과 이야기를 할 때 애가 열심히 이야기하고 있는데 흘려듣고 있으면 "아버지, 안 듣고 계시죠?"라고 말해요. 왜 흘려듣느냐면 자기가 자기 얘기를 하는 것만큼 쓸데없는 일은 없거든요. 애가 지금은 이렇게 이야기하지만 한 달 뒤에도 그렇게 생각할지 알 수 없어요.

나코시 네, 지금의 자신과 한 달 뒤의 자신은 다르니까요.

요로 실제로 달라요. 오늘의 자신과 자고 일어난 내일의 자신조차 다르니까요. 사람은 계속 변해요. 그런데도 자신이 변함없다고 생각하는 건 인간뿐이에요.

나코시 불교에서는 '마음이란 순간마다 변화하는 운동이다'라고 가르칩니다. 즉, '마음'은 고정적인 실체가 없고 따라서 매 순간마다 변화한다고 말하지요. 이는 단순한 말에 그치는 것이 아니라 제가 상담을 하면서 접하는 환자의 마음 상태를 표현하는 설득력 있는 말임을 실감합니다. 행복해하던 사람이 갑자기 침울해지거나 하거든요. 그래서 불교는 서양 심리학과 비교할 만한 '동양 심리학'의 내용을 갖추고 있고 역시 전위적이고 놀라운 철학이라고 생각합니다.

요로 서구의 근대적인 자아는 우선 개인이 있고 그 개인은 본질적으로 변하지 않는다고 봅니다. 마음이라는 것을 움직이지 않는 형태와 구조라고 설명하지요. 하지만 개인이란 물질적으로도 변화하고 있거든요. 작년의 나와 달리 올해의 나는 신체를 구성하는 물질이 교체되어 있으니까요. 인간을 구성하는 성분은 7년에 한 번씩 전체적으로 교체됩니다. 그래서 저는 인간은 흐르는 강물처럼 변화한다고, 진정한 자신 같은 건 존재하지 않는다고 말해요. '변함없는 나' 같은 건 없어요. 그래서 누군가가 이야기를 하면 듣는 척해주는 거지요. 감사하게도 나이를 먹으면 그런 요령이 생겨요. 거꾸로 사람들의 말은 신경 쓰지 않게 되고요. 나에 대한 평가는 내가 정하는 게 아니라 다른 사람들이 하는 거니까요. 다른 사람들이 마음대로 내린 평가에 초조해한들 큰 의미가 없어요.

나코시 저도 그렇게 생각합니다만 타인의 말이나 평가가 신경 쓰일 때가 있어요. 빨리 선생님 같은 경지에 도달하고 싶습니다만…….

요로 현역으로 일하고 있으면 어렵지요. 조직과 시스템 안에 있는 사람이 주위를 신경 쓰지 않거나 주위에 대한 배려를 포기할 수는 없겠지요. 어떤 식으로든 다른 사람들의 영향을 받게 되고, 자신도 다른 사람에게 영향을 미치거든요. 그걸 신선처럼 무시하면 일을 할 수 없어요. 저도 대학에서 일할 때는 무척 힘들었어요. 일단 국가 공무

원이니까요. 지금 돌이켜보면 왜 그렇게 열심이었나 싶은 일도 꽤 있었고요. 매일 하는 일도 거의 똑같았지요. 저는 해부학을 했기 때문에 더 나았는지도 모르겠어요. 돌이켜보면 학교에 있었을 때의 행동 원리 같은 건 벌써 잊어버렸어요. 전생 같다는 느낌이 들기도 해요.

나코시 지금은 좋아하는 것만 하겠다는 기분으로 지내시는군요.

요로 딱히 일을 하지 않아도 괜찮으니까요. 사람과 만나도 '어라, 좀 달라진 것 같은데'라고 생각하다가도 '뭐, 딱히 상관없지' 하면서 신경 쓰지 않게 돼요. 일전에도 어느 대학에 강연을 하러 가서 빈 강의실에서 기다리고 있는데 시작하기 15분쯤 전에 젊은 강사가 들어와서 "선생님, 곧 모시러 오실 겁니다"라고 말하더군요.

나코시 잘못된 표현이군요.

요로 공손하게 말해야겠다고 생각하고 '모시러 오실 거

다'라고 말한 것 같았어요. 요새는 "그럴 때는 '모시러 올 겁니다'라고 말하는 게 맞다"고 정정해주고픈 마음도 들지 않아요. 그대로 놔두지요. 그러면 '모시러 온다'는 표현에 대한 오해는 사라지지 않을 것이고 서로 이해하지 못했지만 주변에서는 대충 이해한 것처럼 보여요. 그러니 진실을 몰라도 아무도 곤란해지지 않지요. 몰라도 괜찮으니 서로 부딪히지 않으면 된다는 이야기로 돌아가게 되겠네요.

3장

해보지 않아도 다 안다는 착각

가족 관계를 만들지 않는 사람들

요로 지금 가장 신경 쓰이는 사회문제 중 하나가 저출산입니다. 젊은 사람들 중에 결혼을 하지 않아도 된다는 사람이 늘고 있어요. 결혼해도 아이를 낳지 않고요.

나코시 그러고 보니 요로 선생님은 '부모가 된다는 것'을 생각하는 모임'이라는 저출산 방지 단체를 결성한 적도 있으시지요.

요로 1975년 즈음부터 출생률이 계속 감소하고 있으니까요. 엄밀히 이야기하자면 미묘하게 늘었다가 줄었다가 하지만 거의 감소하는 방향으로 나아가고 있어요. 합계출산율(한 여성이 가임기간[15~49세] 동안 낳을 것으로 예상되는 평균 출생아 수. ―옮긴이)이 1.3인가 1.4 정도예요. 세계적으로 보면 한국과 싱가포르에 이어 낮은 수치예요. 인구재생산율(한 사람의 여성이 일생 동안 낳는 여아의 평균 수)만 보자면 0.6 정도예요. 즉, 이 상태가 계속된다면 사람이 없어지는 거지요. 상당히 우려가 되는 상황인데 어째서 다들 큰 문제로 다루지 않는지 정말 의문이에요.

나코시 정말 그렇습니다. 2016년에는 출생아 수를 통계로 집계하기 시작한 이래 처음으로 100만 명 밑으로 떨어져서 98만 명이 보고되었고 사망자 수에서 출생아 수를 뺀 인구 자연 감소는 2017년까지 9년 연속 숫자가 증가하고 있으니까요. 앞으로도 출생률은 계속 감소할 것 같고요.

요로 출생률이 조금 늘었다고는 하나 아이가 태어나서 성인이 될 때까지는 20년이 걸려요. 지금부터 기적적으로 출생률이 늘어난다 해도 태어난 아이가 성인이 되기까지는 20년 혹은 그보다 시간이 더 걸리거든요. 어떤 조사에서 '내 자식은 내가 살았던 것보다 나쁜 시대를 살고 있다'고 답한 사람이 전체의 80퍼센트를 넘었다고 하는데 이런 답을 보면 출생률이 낮아지는 이유를 조금은 알 것도 같지만요.

나코시 뭐가 문제인지 그 핵심은 아무도 모르는 걸까요?

요로 문제의 핵심은 정확하게 모르는 채 시간만 흐르고 있는 거지요. 정치가들을 보고 있으면 당신들은 이 문제를 진심으로 걱정하느냐고 묻고 싶어요. 아동 수당을 조금 지급한다고 해결될 문제가 아니라는 사실은 다들 알고 있어요. 일단 결혼하지 않는 사람이 늘어나고 있지요. 요코하마横浜 시 통계였던 것 같은데 독신 세대가 40퍼센트에 육박하고 있어요.

나코시 저도 그 기사를 봤습니다. 오래전부터 결혼에 얽매이는 게 싫다는 분위기가 있었던 것 같아요. 자유롭고 싶어 한달까…….

요로 결혼은 제도이니까요. 일종의 속박이지요. 다양한 형태로 얽매이는 거예요. 벌써 20년 전 이야기인데 어떤 모임에서 젊은 사람들과 '결혼과 동거 중 어느 쪽이 나은가'라는 좀 바보 같은 논의를 한 적이 있었어요. 저와 연배가 있는 사람은 "반드시 결혼해야 한다", "안 하면 안 된다"고 했지요. 하지만 젊은 여성들은 대부분 "동거가 낫다"고 이야기했어요.

나코시 음, 20년 전부터 그런 분위기였군요. 하긴 출생률이 수십 년 동안 감소하고 있으니까요.

요로 인간관계의 속박이 귀찮다는 이야기예요. 동거라는 형태에 그치면, 만약 사이가 나빠져도 헤어지면 그만이니까요. 홀가분하지요. 하지만 결혼은 그렇게 간단하지 않아요.

나코시 결혼은 민법상의 속박이 있으니까요. 책임감이 필요하고 이혼할 때도 그냥 헤어지는 것이 아니라 여러 법적 문제가 있지요.

요로 그런 속박을 귀찮아하는 거예요. 또 하나 중요한 이유는 자녀 양육이에요. 아이를 키우려면 일종의 각오가 필요한데 그 각오가 되어 있지 않다는 거지요.

나코시 아이가 태어나면 내 삶을 희생해야 한다고 생각해서 부모가 되는 걸 두려워하지요. 내가 과연 아이를 잘 기를 수 있을까, 경제적 여유는 충분한가, 이런저런 걱정이 생기고요.

요로 어떤 의미에서는 성실하니까 걱정을 하는 것이지요. 세세한 것까지 이것저것 심각하게 고민해요. 지금은 시도하기 전에 '아, 안 될 거야'라고 생각하는 시대 아닙니까. "해보지 않으면 모르잖아요"라고 말하면 "무슨 무책임한 말씀이세요"라는 대답이 돌아와요. 즉, 모든 것을 책임의 문제라고 생각하고 있어요. 지금의 내 세계에서 나가면 안 된다, 한 발짝도 벗어나면 안 된다는 의식이 있어요.

나코시 무슨 말씀이신지 알겠습니다. 분명 그런 의식이 존재하지요.

육아는 자연을 마주하는 것과 같다

요로 아이를 기를 때는 요컨대 지켜보는 수밖에 없어요. 제가 늘 이야기하지만 양육에는 '지켜볼 수밖에 없다'는 각오가 필요해요. 저출산은 '아이가 싫다'는 의미이기도 해요. 도시에서 살아가는 사람들에게는 전혀 이상한 일이 아니지요. 아이라는 존재는 '자연'과 같거든요. 로봇 같은 인공물을 설계하듯이 계획한 대로 아이를 낳거나 기를 수는 없어요. 즉, 자연이에요. 도시화란 자연을 배제한다는 것과 같은 뜻이니까 아이는 도시에서 배제되는 존재예요. 도시 사람은 자연과 친해지는 방법에 익숙하지 않으니까 본질적으로 아이를 무서워해요. '아이가 싫다'는 건 그런 의미이지요.

나코시 즉, 아이란 자연이고 도시 사람은 자연과 친해지는 데 서툰 사람들이니까 출산과 양육에서 도피하는 것이군요.

요로 저출산은 근본적으로 도시화와 비슷한 문제예요.

어린이집이 부족하다든가 교육비가 많이 든다는 이유도 있지만 그 근원은 보다 깊은 곳에 존재해요. 저는 자녀 양육과 논에서 벼를 기르는 일이 근본적으로는 같다고 생각해요. 자연은 통제가 불가능하지만 보살피면서 기를 수는 있거든요. 자연에 손길을 가하면서 유지해가지요. 제가 몇 년 전에 《보살핌이라는 사상手入れという思想(신초문고)》이라는 책을 썼는데요, 아이는 자연과 같은 존재이기 때문에 방치하면 야생아가 되지만 부모가 완벽히 관리한다고 해서 생각한 대로 자라지도 않아요. 마음을 담아 보살피고 지켜볼 뿐이지요. 부모 생각대로 강요하면 할수록 여러 가지 문제가 생기는 법이에요.

나코시 초등학생인 저희 아들아이가 학교에서 비트박스에 빠졌는데요, 같은 반 친구랑 동영상 사이트에서 가져온 희한한 곡에 음을 맞춰가면서 이렇다는 둥 저렇다는 둥 이야기하며 음악을 만들어요. 프로듀서가 된 것처럼 열심히 하기에 들어보니 완성도가 꽤 높더라고요. 지난 반 년 사이에 둘이서 모든 걸 다 습득했다고 해요. 그 모습을 보니 새삼스럽게 '이제는 아무것도 안 가르쳐줘도 되겠구나' 하는 생각이 들었어요. 그저 들어주기만 하면 된다고요. "아빠, 저기"라고 말을 꺼냈을 때 "응? 뭔데?"라면서 가만히 들어주면 되는 거지요. 서로 영향을 주고받으면서 새로운 것을 만들고 즐겁게 살아가는 기술 같은 걸 오히려 그때 아이를 통해 배웠습니다.

요로 보살피되 지켜보면 되는 거예요. 관리하려 하면 안 돼요. 보살핌이 어느 방향으로 자연을 유도하는 거라면 관리는 위에서 억눌러서 속박하려는 거니까요.

나코시 저도 동의합니다. 또 한 가지, 학생들을 가르치다 보면 제 아이뿐만 아니라 제자들에게도 억지로 가르치려 하면 안 된다는 걸 깨닫게 됩니다. 오히려 그들에게 어떻게 배우느냐가 저 자신에게 무척 큰 재산이 됩니다.

요로 부모는 멀리서 지켜봐주는 수밖에 없어요. 그것밖에 할 수 없고 그러기만 하면 돼요. 지켜봐주겠다는 각오만 있으면 되지요. 아이들은 마음대로 뛰어다니고 한 시간 정도는 마음대로 놀아야 해요. 그런데 현실은 어떤가요. 아이들이 밤늦게까지 학원에 있어요. 학교에서 여섯 시간 동안 가만히 있었는데 끝난 뒤에 또 학원에 가야 해요. 밤 열 시쯤 지하철을 타면 아이들이 열차 안을 뛰어다녀요. '아, 이 아이들은 낮 동안에 뛰어놀지 못했구나' 하는 생각이 들지요. 밤 열 시에야 겨우 자유 시간인 거예요. 산이나 숲 같은 곳을 뛰어다니지 못하니까 어쩔 수 없이 지하철 안에서 뛰는 거지요. 이게 뭐냐면 학대예요. 어린아이들이 하루 중 대부분을 학교와 학원에서만 지낸다는 건 학대당하고 있는 거예요. 왜 이 밤중에 애들이 이런 데서 뛰어다녀야 하나 싶은 생각이 들지요. 그리고 절실하게 느끼게 돼요. 이런 사회에서 아이가 늘어날 리가 없다는 사실을요.

나코시 손발을 꽁꽁 묶어두는 것과 다름없으니까요.

보살핌과 관리의 차이

요로 요즘 아이들은 완전히 관리되고 있어요. 그런데 가장 관리해서는 안 되는 게 아이들이거든요. 아이들은 자연이니까요. 멀리서 지켜봐주기만 하면 돼요. 보살핌이란 균형을 잡아주는 것, 일본 문화가 자연을 대해온 전형적인 태도거든요. 그걸 통제하려고 해요. 보살핌과 통제는 다릅니다. 보살핌은 상대방을 인정하고 상대방의 규칙을 이해하려는 데서 시작하지만 통제는 상대방을 내 뇌 안에 집어넣으려 하거든요. 내 뇌가 이해할 수 있는 범위 안에서만 대상을 파악하고 내 뇌의 규칙으로 상대방을 움직이려고 해요. 하지만 자연을 상대할 때는 가능하지 않은 일이지요.

나코시 부모는 아이를 백 퍼센트 통제할 수도 없고 해서도 안 되니까요. 부모의 보살핌과 관리는 전혀 다릅니다. 보살핌이란 언어를 초월한 무언의 대화나 관찰 같은 속성이 있고 될 수 있으면 상대방이 성장하려는 방향을 방해하지도 않고 침묵도 건드리지 않지요. 그러면서 끊임없이 손길을 더하고 안배를 꾀하는 것이지요. 의료의 시점에서 보아도 손을 너무 대면 생명력이 떨어져요. 전혀 손길이 가지 않으면 상태가 악화되고요. 그 사이의 적정한 지점을 찾아야 하지요.

요로 산에 가서 곤충을 보면 내 뇌를 넘어선 존재라는 사실을 인정하게 돼요. 그런 다음 곤충의 규칙을 알려고 시도하지요. 이것이 자연과 마주할 때의 기본적인 태도예요. '앎'이나 '깨달음'을 얻으려면 감성을 연마하는 수밖에 없어요. 감성을 연마하는 것은 근본적으로 자기 인생에 대한 사고방식과도 연결된다고 생각해요. 자기 인생과 확실히 마주할 필요가 있어요. 사람의 인생을 하나의 작품처럼 파악하는 사고방식은 옛날부터 있었는데 결국 이게 중요하다고 생각해요.

나코시 인생은 평생에 걸쳐 자신의 작품을 만드는 과정이다, 감성을 연마해야 '깨달음'으로 이어질 수 있다는 말씀이시네요. 그렇군요. 인생이라는 작품을 완성하기 위해서는 그저 편리하거나 합리적인 선택만을 해서는 안 되지요. 저는 불교의 수행이나 행行과 심리학 및 정신의학의 관계를 연구하는 입장이므로 말씀하신 사고방식이 마음에 잘 다가옵니다.

요로 지금 나코시 선생이 말씀하신 수행이 맞겠네요. 수행이라는 말은 요즘 급속도로 사라지고 있어요. 학생들이 종종 제게 이렇게 말해요. 자기는 재능도 없고 계속 노력하지도 못한다고요. 저는 이렇게 답하지요. 자네 인생이라는 그림은 자네밖에 그리지 못한다고요. 캔버스는 너덜너덜하고 물감도 싸구려일지 모르지만 그것들을 가지고 완성한 그림은 자네만의 그림이고 그게 인생이라는 작품이라고요. 예전에는 그 생각이 지금보다 강했다고 생각해요.

나코시 그렇군요. 인생이라는 작품을 그리는 것이 곧 수행이라는 말씀이시군요.

요로 맞아요. 수행이지요. 이 의미를 가장 잘 상징하는 게 히에이 산比叡山 천일회봉행千日回峰行입니다. 천 일 동안 비가 오든 바람이 불든 히에이 산을 계속 도는 수행이에요. 수행을 계속하지 못하면 자살해요. 그렇게까지 수행해서 무슨 일이 생기느냐, 요즘의 가치관으로 말하자면 국내총생산이 1퍼센트 올라간다거나 주가가 올라가지는 않아요. 하지만 그 수행을 마친 사람은 백 일 동안 오곡을 금하는 등의 수행을 또 거쳐 대아사리大阿闍梨라는 훌륭한 승려로 태어난다고 해요. 역사상 두 명밖에 달성하지 못했다는데 그야말로 인생을 건 작품이지요. 현대사회는 이런 종류의 가치관을 경시한다는 생각이 들어서 안타깝습니다.

인생은 자신만의 작품을 만드는 과정

나코시 히에이 산 천일회봉행은 수행에 대한 하나의 상징적인 예라고 생각합니다. 그 정도로 힘든 수행이 아니더라도 쇼토쿠 태자聖徳太子(6세기 후반에 태어나 일본이 불교 국가로 자리 잡는 데 큰 공헌을 한 인물. –옮긴이)가 해설을 썼다는, 일본 불교에 영향을 미쳤다고 간주되는《유마경維摩経》이 수행의 의미를 생각하는 데 참고가 될 것 같습니다. 일본 불교의 원점은 대승불교大乗仏教인데요. 그 가르침은 이론인 '법法'과 마음을 차분히 하여 그 기능을 이끌어내기 위한 '행行', 그리고 일상생활에서 행하는 '방편'으로 나뉩니다. 옛날에도 출가해서 수행할 수 있는 사람은 한정되어 있었고, 서민은 사회 안에서 살아야 했기 때문에 부상하게 된 주제가 방편입니다. 즉, 법과 행뿐만 아니라 평범한 일상 속에서 다른 사람에게 친절을 베풀거나, 세상에 공헌하는 방편을 실천함으로써 보다 완성도 높은 깨달음을 얻는다는 가르침이지요.

요로 힘든 사람을 도우라는 뜻인데, 좀 더 나아가면 산이나 절에 틀어박혀 힘든 수행을 거치며 고독하게 깨달음을 얻는 것이 아니라 평범한 사람으로 살아가며 친절을 베풀고 이를 수행으로 간주하여 인생을 완성해간다는 의미이지요.

나코시 진언밀교真言密教에서는 "방편이야말로 구경究竟(궁극, 마지막, 최후 등을 뜻하는 불교 용어. ―옮긴이)"이라고 말합니다. 힘든 사람, 좀 더 나아가면 자기보다 어린 사람, 약한 사람을 돕는 것이 제일가는 수행이라고 쓰여 있습니다. 실제로 밀교에서는 법도 행도 최종적으로는 '방편'의 실천을 거쳐야만 단련되고 그럼으로써 완성된다고 봅니다. 즉, 방편이라는 게 무척 중요한데 현대에 대입하자면 회사나 학교, 지역 공동체 등에 대한 모든 관여가 방편에 포함되지요. 적극적으로 세상에 관여하고, 행동하고, 주변 사람을 행복하게 만들어야 깨달음의 길로 연결된다는 가르침입니다.

요로 그렇게 인생을 만들어간다는 마음이 요새는 희박해졌다는 생각이 들어요. 타인을 알고 싶다고 이야기하기 전에 자신의 사고방식을 바꾸고 '인생이라는 작품'을 만든다는 사고방식과 마주해봤으면 해요. 자신이 살고 있는 시대, 사회 안에서 자신의 인생을 하나의 작품으로 완성하려면 어떻게 해야 할까, 어떤 그림을 그려야 할까를 모색한다면 살아가는 의미가 크게 변할 것이고 무엇보다 인생이 더 즐거워질 거예요. 서툴면 서툰 대로 그리면 되고, 못 그려도 상관없어요. 일단 그려봐야지요. 종교는 바로 이것을 가르쳐야 하는 게 아닐까 싶습니다.

나코시 불교는 2500년이 넘는 시간 동안 계승된 생활방식의 지침이라서 매우 현실적이고 때로는 합리적입니다. 방편에 대한 이야기를 했는데요, 대승불교의 행이나 방편은 많은 사람이 생각하듯 속세를 벗어난 것도, 극도로 금욕적인 것도 아니에요. 평범한 사람들의 생활과 밀접하게 관련되어 있지요. 물론 현대사회에서도 마찬가지입니다. 예를 들어 아까 이야기한 《유마경》이나 밀교 경전에서는 단적으로 '욕망에서 자유롭다는 것은 욕망을 갖지 않는다는 것이 아니다'를 강조하고 있습니다. 즉, 중요한 것은 '돈이나 물건을 갖지 않는 것'이 아니고 '돈이나 물건을 많이 갖고 있더라도 그에 얽매이지 않는 것'이라고 가르칩니다. 억지로 명예를 멀리할 필요도 없고 명예를 얻어도 좋지만 그에 사로잡혀서는 안 된다는 뜻이지요. '갖고 싶다'는 마음을 억지로 누를 필요가 없고 억눌러봤자 의미가 없어요.

요로 집착의 근원이 되는 돈과 명예를 버리는 게 중요한 것이 아니라 집착을 얼마나 버릴 수 있느냐가 중요한 것이겠지요. 현대인에게도 시사하는 바가 많네요. 그런 가르침을 따르면서, 자신에게 주어진 환경 안에서, 할 수 있는 범위 안에서, 인생이라는 작품의 완성을 추구하는 것이 삶의 핵심이 아닐까 싶어요. 거꾸로 말하자면 이를 모색하지 않는 사람은 과연 어떤 존재인가 싶거든요. 일을 게을리한다든가 노력을 하지 않는다는 차원의 문제가 아니라 심하게 말하자면 "당신은 살고 있지만 사는 게 아니다"라고 이야기하고 싶어져요. 숨은 쉬고 있어도요. 실제로 그 정도로 이야기하지 않으면 뭔가를 느끼지 못해요.

내가 죽어도 나는 곤란하지 않다

나코시 인생이 하나의 수행이라면 그렇게 말할 수 있을지도 모르겠네요. 불교의 수행에도 첫 단계가 있는데 그걸 포기한 것이니까요. 에도 시대에 사농공상 가운데 가장 신분이 낮았던 상인들의 경제력이 점점 커졌는데요, 말하자면 요즘의 벤처 사업가 같은 존재인 그들이 하는 일은 생산활동이 아니었기 때문에 주위에서는 '이 사람들은 편하게 돈을 버는구나'라는 질투도 있었다고 봅니다. 그런 때에 이시다 바이간石田梅岩(에도 시대 중기의 사상가) 같은 사람이 '상도商道'를 만들어서 장사는 평생에 걸쳐 자신의 인격을 완성시키는 수행의 장이라는 생각을 확립했습니다. 이시다 바이간은 시가滋賀의 작은 상인 무리의 우두머리에 불과했는데도 그의 상도가 전국으로 퍼져 나갔지요. 왜냐면 일생에 걸친 자기 연마라는 사고방식이 필요했기 때문입니다.

요로 진정한 의미의 평생 학습이로군요.

나코시 그렇지요. 오늘날의 평생 학습은 통신 교육으로 자격증을 따는 이미지가 되어버렸는데요, 상도라는 개념은 에도 시대의 놀라운 지혜였다고 생각합니다.

요로 게다가 그 기본은 불교에 있지요. 상도가 성불의 길이라고 한 거예요.

나코시 말씀하신 대로입니다. 그때까지 장사란 아무것도 생산하지 않고 수수료나 받는 거라고 멸시받기도 했는데요, 그렇지 않다, 손님에게 봉사하는 게 상도이고 그것이 성불의 길이라고 말한 거지요. 이 전환은 무척 놀랍습니다. 그래서 저는 강연에서 이 이야기를 종종 합니다. 특히

50~60대 분들이 열심히 듣습니다. '그런 식으로 이어져 온 비즈니스 세계의 인생관이 있었구나' 하며 감동을 받는 것이지요.

요로 이 상도가 시대가 흐르면서 가장 먼저 밀려났어요. 누군가에게 도움이 되는 걸 중요시하는 사고방식이요.

나코시 맞습니다. 아까 말씀드린 진언밀교에서 말하는 '삼구三句의 법문法門'도 시대가 흐르면서 밀려났지요. 삼구의 법문의 궁극은 '방편'인데, 즉 사람에게 도움이 되라는 것입니다. 사람에게 도움이 되면 행복한 인생이 찾아온다는 아주 단순한 이야기입니다만.

요로 젊을 때는 쉬운 이야기에 흥미를 가지지 않아요. 제 나이쯤 되면 알게 되는데 저는 늘 이렇게 말해요. 내가 죽어도 나는 곤란할 게 없다고요. 그렇잖아요? 오늘 나코시 선생과 두 시에 만날 약속을 하고 가는 길에 차에 치이면 곤란한 건 출판사와 나코시 선생이에요. 나는 아무렇지도 않아요. 자신의 죽음과 가장 상관없는 사람은 자신이에요. 그렇게 생각하면 내 생사는 내 것이 아니에요. 석가모니의 관점에서 보면 그저 폐를 끼치는 거예요. 죽음의 전 단계가 병이지요. 병들면 큰일이라고 걱정하지만 사실은 그렇지 않아요. 만약 아내가 병에 걸리면 가장 힘든 사람은 저예요. 아내는 아프다고 말만 하면 그만이지만 저는 밥도 해야 하고 간병도 해야 하고 이런저런 일들을 해야 하거든요. 물론 농담 섞인 이야기입니다만.

나코시 아니요, 선생님 말뜻을 잘 알겠습니다. 저희 어머니가 82세이시거든요. 오사카에 계신데, 만약 어머니가 쓰러지시면 제 인생이 큰 전환점을 맞겠지요.

요로 젊을 때는 내가 죽으면 큰일이라고 생각하지만 사실 내가 죽어도 나는 아무렇지도 않아요.

나코시 자신의 죽음은 정말 자신과는 아무런 상관이 없지요. 돈을 빌렸다가 죽어서 가족에게 부채를 남기는 등 폐를 끼치지만 않으면요.

요로 내 죽음 같은 건 상관하지 않는다고 말하면 "멋있는 척한다"라는 말을 들어요. 강한 척한다고도 하고요. 물론 죽고 싶다고 생각하는 건 아니에요. 당연히 불안한 마음이 있지요. 하지만 죽고 싶지 않다고 생각한들 어차피 소용없으니까요. 단순하게 말해볼까요? 우리는 매일 잠이 들지요. 만약 그대로 깨지 않으면 어떻게 될까요? 어떻게도 되지 않아요. 놀라서 당황하는 건 남겨진 가족이고 죽은 본인은 아무것도 몰라요. 그런 의미에서 상관없다고 이야기하는 거지요.

나코시 맞는 말씀입니다. 죽음이란 당연한 일인데 당연하지 않은 것처럼 보이는 측면이 있지요.

모두가 개성을 잃어가는 '의식화' 사회

요로 이야기가 저출산에서 아이와 자연, 격리된 삶까지 흐르면서 최종적으로 '인생이라는 작품'이라든가 '수행'까지 갔는데, 이야기를 저출산으로 되돌리자면 결국 자식이 하나 정도는 있는 편이 좋아요. 아이를 하나 낳으면 '나는 이제 됐구나'라고 생각하게 되지요. 아이를 기르면서 배우자와 자녀의 학교 문제로 고민한다든지 하는 건 언뜻 귀찮고 스트레스 받는 일일지도 모르지요. 아까 말한 방편과는 다르지만 그런 나날을 반복하다 보면 사람이 변하게 돼요. 사람은 스스로 변할 기회를 꼭 만들어야 한다고 생각합니다.

나코시 결혼해서 아이를 기르면 손해가 되는 일이 많다, 경제적으로 손해를 본다는 생각을 많이들 갖고 있어요.

요로 그렇게 생각하는 사람들이 나쁘다는 게 아니라 사회 전체에 그런 가치관이 퍼져 있어요. 그래서 아이에 대한 부정적인 가치관이 근본적으로 어디서 왔는가를 요즘 고민하고 있지요. 그 이유는 역시 인간 사회가 지나치게 '뇌화'되었기 때문이 아닌가 해요. 즉, 자연 속에서 느끼는 사회가 아니라 뇌로 생각해 만든 사회가 문제가 아닐까 싶어요.

나코시 네. 인류가 뇌를 발달시킨 결과, 자신들이 살기 편한 세계를 만들었고 그게 뇌화 사회라는 말씀이었지요. 당연히 자연과는 정반대 편에 있겠지요.

요로 의식이 만든 사회라는 의미에서 '의식화'라고 말해도 될 것 같군요. 아이를 낳는다는 건 자연적인 행위이기 때문에 이득이니 손해니, 합리적이니 비합리적이니 하면서 이치를 따지고 머리로 계산할 문제가 아니에요. 좀 더 본능적인 문제이니까요. 그걸 머리로 생각하면 아이는 순식간에 없는 일이 돼요. 키우는 게 불안하고 힘드니까요. 그 바로 전 단계가 결혼하지 않는다는 선택이지요. 이게 사회가 지나치게 의식화되었음을 나타내는 하나의 현상이 아닐까 싶어요.

나코시 아까 상담 이야기를 하면서 순간적으로 어떤 느낌을 받는다는 말씀을 드렸는데 뇌화나 의식화된 상태에서는 이게 어렵지요. 감각을 통해 순간적으로 느끼는 것이니까요.

요로 그렇지요. 세상이 의식화되면 상대방을 보는 눈을 상실해요. 눈이 흐려져요. 감각으로 느낄 수 없게 되니까요. 학교에서도 선생님이 학생 한 사람, 한 사람의 특징을 감성으로 식별할 수 없어요. 극단적으로 말하자면 다 들 똑같아 보이는 거예요. 그러면 어떻게 될까요? 학생은 '나는 개성이 없구나' 하고 느끼게 돼요. 그래서 뇌화와 의식화는 개성을 없애버릴 수도 있어요.

다 알 수 있다는 생각의 위험성

요로 의식화나 뇌화의 폐해는 머리로 알려고 하는 것이지요. 머릿속의 모든 생각을 말로 치환해서 설명할 수 있다고 생각해요. 그러고서 알았다고 생각하지요. '됐어, 나는 다 알았어'라는 식이지요.

나코시 진정한 의미에서 '안다'는 것은 '뇌'나 '의식'으로 안다는 게 아니라 '체감'하는 것이라는 사실을 간과하고 있지요. 아무도 그걸 이상하다고 생각지도 않고요.

요로 맞아요. 그래서 '뇌'나 '의식'으로만 알 것 같으면 "몰라도 된다"라고 얘기하는데 젊은 사람들은 화를 내요. 어린애 취급하지 말라는 거지요. 나코시 선생도 그런 말을 들은 적이 있지요?

나코시 많이 들었지요. 애들은 몰라도 된다고요.

요로 아버지나 어머니한테 "왜 공부해야 돼요?"라고 물으면 "쓸데없는 질문은 하지 마라"라는 답이 돌아와요. 그것으로 끝이지요. 그 대답은 "생각하지 마라"는 말이 아니고 '원래 그런 거다'라는 뜻이지요. 답은 자신이 생각해야 해요. 어쩌면 잊어버릴 수도 있고요. 요즘은 거꾸로 "알아야 한다"는 말을 듣지요. 이론을 구축해서 머리로 생각하고 정답을 찾으라고요.

나코시 뭐든 의식화할 수 있다고 생각하니까요.

요로 하지만 그런 방법으로 알 수 있을 턱이 없어요. 그 예가 신문의 사건 기사 같은 데 나오는 '경찰이 동기를 파악 중'이라는 판에 박힌 문구예요. 동기가 있을까요? 가령 있다 해도 타인이 이해할 수 있을까요? 범죄의 진정한 동기는 일반 독자가 이해할 수 없어요. 2016년에 장애인 시설에서 열아홉 명이 살해당하는 엄청난 사건이 있었는데 사건의 동기는 누구도 이해할 수 없어요.

나코시 범죄의 동기란 미래를 대비하고 치안 질서를 세우기 위해 일단 그럴듯한 이유를 만드는 것이지요. 물론 그것도 사회적으로는 의미가 있지만 엄밀히 말하자면 동기를 알 수 없을 거라고 생각합니다. 범인 또한 범죄를 저지르는 순간에는 평소의 자신이 아닐 수도 있고요.

요로 저는 과연 알아도 될까 싶어요. 그 의미를 공유한 순간 똑같은 일을 저지르게 되는 건 아닐까요?

나코시 동기를 알게 된 순간 마치 전이가 되듯 말이지요. 그렇게 되지 않는다는 확신도 없지요. 그래서 계속 같은 이야기를 하게 됩니다만 이런 예를 봐도 '안다'는 것은 말로는 표현할 수 없는 감각이라는 관점이 사회의 일반적인 사고방식에서는 쏙 빠져 있어요.

머리로 생각하기 전에 '행'해야 알 수 있는 것들

요로 학교 교육의 영향 또한 무척 크지요. 학교에서 배우는 것은 말하자면 건전함 같은 것이에요. 의식화해서 건전함만을 가르치니까요. 저는 공부란 산에 오르는 것과 같다고 말하는데요, 즉 높은 곳에 올라가면 시야를 넓힐 수 있어요. 시야가 넓어진다는 것은 성장한다는 뜻이에요. 저는 어릴 때부터 곤충을 좋아해서 부모님이 "쓸데없는 짓만 한다"며 야단치셨는데, 곤충을 관찰하려면 지식이 필요해요. 표본을 만들 때 어떤 약품을 써야 좋은가 등을 알아야 하니까요. 지식을 얻으려고 영어로 된 책도 봐야 했지요. 자기가 좋아하는 것을 추구하기 위해서는 어떤 과목이 도움이 되고 무엇을 공부해야만 하는지 등을 알게 돼요.

나코시 높은 곳에 올라가야 시야를 넓힐 수 있다고 말씀하셨는데 정말 그렇습니다. 저는 세상에 존재하는 직업의 80퍼센트 정도는 전체적인 윤곽을 파악하면 더 재미있어진다고 생각하는데요, 학교 공부도 그렇다고 말할 수 있습니다. 선생님은 산에서 곤충을 쫓아다니시면서 의식화할 수 없는 다양한 것들을 자연스럽게 배우셨네요. 하지만 이런 이야기를 아이를 키우는 부모들에게 하면 "산이나 숲에 가면 어떤 좋은 점이 있나요?"라는 질문을 듣지 않을까요? 아니면 "구체적인 효과는 무엇인가요?"라든가요. 저는 그런 말을 자주 듣거든요.

요로 경험하는 자체가 중요하지, 그 결과로 어떤 일이 일어나느냐는 질문은 해서는 안 되는 건데도 한단 말이에요. 숲에 가면 이만큼 성적이 오르거나 이만큼 건강에 좋더라는 수치를 듣고 싶어 하고, 혈압이 이렇게 떨어졌다는 식의 효과만 추구하고 싶어 해요.

나코시 의식화나 뇌화의 전형적인 예인지도 모르겠네요. 선생님은 그럴 때 어떻게 대답하세요?

요로 "가지 마세요"라고 해요. 아니면 "아무 말 말고 그냥 가세요"라고 하지요. 그런 식으로 답하게 돼요.

나코시 숲에 둘러싸여 있을 때나 숲 안에 들어가야만 알 수 있는 것들이 있는데 그런 측면을 간과하고 있는 거지요. 대승불교의 '행' 이야기를 했는데 그도 마찬가지입니다. "행을 하면 어떤 효과가 있습니까?"라고 묻거든요. 어떤 장점이 있는지, 될 수 있으면 구체적으로 가르쳐달라고 말해요.

요로 저라면 "아무 말 말고 하세요"라든가 "하지 마세요"라고 대답할 거예요. 아니면 아무 말도 하지 않거나요.

나코시 아마도 선생님이 하신 말씀이 답에 가까울 텐데요, '그저 하는 것'이 중요합니다. '행'에 어떤 의미나 효과가 있느냐는 생각은 접어두고 그저 하는 것이지요. 다이어트 책이나 재테크 책 등의 실용서를 따라 하듯 말이지요. '이 책을 읽으면 10킬로그램을 뺄 수 있다. 그러니까 읽고 따라 하자'는 것과 비슷하지요. 책에 나온 효과를 기대하면서 그대로 해요. 하지만 실용서와 '행'은 전혀 다릅니다. 불교에서는 '행을 하면 이러이러한 구체적이고 긍정적인 효과가 있다'는 실리를 명시하지 않아요. 효과를 말하지 않고서 "그저 하라"고 이야기하지요. 좌선을 하려면 "그냥 하라"고 해요. 하지만 그렇게 말하면 "그래서는 할 마음이 나지 않아요"라든가 "구체적인 효과나 가능성이 보이지 않으면 할 수 없어요"라는 대답이 돌아와요.

요로 전형적인 대답이네요. 아까 숲에 가면 혈압이 낮아진다는 이야기와 비슷한데 목적이나 목표가 보이지 않으면 행동을 하지 않아요.

나코시 그렇지요. 실제로 방송에서도 참선을 하면 이러이러한 신경에 작용한다, 폭포를 맞으면 이러이러한 효과가 있다는 둥 이야기하거든요. 그 자체는 거짓이 아니지만 이론적인 설명만 머리에 먼저 집어넣으면 '행'의 의미가 사라집니다. 적어도 의미가 크게 줄어들겠지요. '행'이란 자기 자신을 변화시키는 가르침으로 어떻게 변화하느냐는 당사자밖에 모릅니다. 변화한 후의 자신을 멋대로 상상하고, 있지도 않은 목표를 향해 "자, 저 깨달음의 세계로 가는 거야"라고 해봤자 그건 사전에 자신이 상상한 깨달음의 감각을 뇌 안에서 재생산하는 것에 불과하지요. 즉, 망상이 생겨버려요. 저는 매일 밤 명상을 하는데 명상을 한다고 사람들에게 말하면 명상에 어떤 효과가 있는지, 어떤 감각이 깨어나는지를 가장 많이 궁금해해요.

요로 왜 그렇게 의미에 집착하는 건가 싶어요.

4장

알려고 애쓰기보다 행동하라

'행'이란 모르는 채로 그냥 하는 것

나코시 진언밀교에서는 '신', '구', '의' 세 가지가 중요하다고 가르칩니다. 즉, 신체와 말, 그리고 마음이 중요하고 이 세 가지가 일치하는 것이 명상의 이상적인 형태라고 말하지요. 저는 게으른 사람이라 침대 위에 반가부좌로 앉아 명상을 하는데 10분이나 15분쯤 지나면 잠이 와서 그대로 잠이 듭니다. 가끔은 생각지도 않았는데 잘될 때도 있어요. 기분 좋게 명상에 빠질 때가 있습니다. 그러면 명상이 끝났을 때 '놀라운 체험을 했다'고 느끼게 돼요. 욕심이 나서 다음에도 같은 식으로 해보려고 하면 반드시 실패해요. 같은 체험을 두 번 하지는 못해요. 헛스윙만 하다가 삼진을 당하는 꼴이지요.

요로 장마다 망둥이 나는 건 아니니까요. 저는 명상을 하지 않는 대신 고양이를 보거나 하지요. 감각을 살리면 의식은 자연스럽게 변해요. "어떻게 변하나요?", "정답을 가르쳐주세요"라고 묻는 건 나쁜 버릇이지요. 학교도 아니잖아요.

나코시 가령 명상을 하면 눈이 멀 것만 같은 빛이 보인다 한들 며칠 동안 그런 상태가 계속되면 질리는 법이지요. 그저 눈부시기만 할 뿐이거든요. 그건 깨달음이 아니에요. 산책도 그렇지 않습니까? '기분 전환 삼아 늘 다니던 길이 아닌 다른 길로 가보자'라는 생각은 괜찮지만 지나치게 '기분 전환을 해야지. 기분 전환을 해야 해'라는 목적만 생각하다 보면 머릿속을 뚫고 들어오는 잡음 같은 게 안 생기거든요. 잡음은 의미가 없는 방해물이라고 생각하니까요.

요로 곤충도 마찬가지예요. 없어도 되는 잡음 같은 것이거든요. 바람이 뺨을 스쳐서 기분이 상쾌해진다든가, 나무들의 냄새가 뇌에 효과적이라든가, 이런 것만이 기분 전환이라고 의미를 부여하고 있으니까요.

나코시 산책 중에 눈매가 사납게 생긴 고양이가 갑자기 나타나서 눈을 반짝 빛내며 이쪽을 바라보는 걸 보고 깜짝 놀라 불안함과 공포를 느꼈을 때, 그런 예상외의 일은 완전히 배제해버리기 쉬워요. “이건 내가 생각했던 ‘기분 전환’이 아니야” 하고 말이지요. 어쩌면 반짝이는 고양이의 눈을 보고 생생한 야성의 자극을 받아들이는 게 진정한 휴식이 될지도 모르는데 말입니다. 하지만 이런 경험을 배제하고 생각했던 대로 산책을 해도 기대한 것을 얻지 못하고 사흘 정도 다른 길로 다니다가 질려서 하기 싫어지기 마련이지요.

요로 ‘기분 전환을 한 나’, ‘변화한 후의 나’를 알고 있다고 생각하는 것 자체가 모순이지요. 어떻게 그걸 알 수 있겠어요.

나코시 변화한 후의 자신은 미지의 존재이니까 변화하기 전의 자신이 알 수 있을 리 없어요. 어쩌면 살면서 경험해

보지 못할, '행'을 통해 얻었을지도 모르는 압도적인 정화의 체험을 쓸데없는 선입관을 끌어안고 있다가 얻지 못한 사람이 많을 거라고 봅니다.

요로 그러고서 이럴 줄 몰랐다, 오지 말걸 그랬다는 말이 나오지요. 말이나 문자로 확인되지 않으면 납득하지 않아요.

나코시 말에 사로잡혀 있다는 걸 깨닫지 못해요. 의식화와 연결지어보자면 '행'이란 모르는 채로 '그저 하는 것'만으로도 말로 설명할 수 있는 한계를 뛰어넘습니다. 말은 편리한 도구이지만 종종 사람의 마음에 제동을 걸어요. 그 한계를 부수는 하나의 계기를 '행'이 마련해줍니다. 몇 시간 동안 좌선을 하면서 명상을 하거나 폭포를 맞는 것만이 '행'이 아닙니다. 마음을 다스릴 수 있는 행동이라면 뭐든 괜찮습니다. 저는 '안경을 정성스럽게 닦는다'는 행위에 신경을 쓰고 있어요. 안경을 천천히 정성스럽게 닦기만 해도 어지러웠던 머릿속이 싹 정리되거든요. 안경을 깨끗이 하는 게 목적이 아니라 정성스럽게 닦는 과정이 중요해요. 그런 맥락에서 방 청소나 다림질도 괜찮을 거라고 생각합니다.

요로 저는 마음을 다스리고 싶어 하는 사람에게 망상하는 방법을 가르쳐요. 지금 하고 있는 행동에만 집중하라고 하지요. 그것만 생각하면 된다고요. 의미 같은 건 생각하지 않아도 괜찮으니까 가령 손을 움직이면 '아, 나는 손을 움직이고 있구나' 하는 생각만 하라고요.

나코시 '행'의 사고방식과 똑같네요. 반야심경을 욀 때도 학생들이 "의미가 어렵다"라고 말해요. "아니, 먼저 읽고 이해하려 하지 말고 우선 천 번 정도 왼 다음에 읽어보라"고 답하지요. 의미는 알기 어려우니까요. 그런데도 대개의 사람들은 "아, 그 말씀은 알겠는데 개요만이라도 좋으니 반야심경의 의미를 쉽게 얘기해주세요"라고 해요. 제 말을 이해했다고 하지만 사실 이해한 게 아니지요. 의미나 실리에서 도저히 벗어나지 못하는 거예요.

요로 하지만 실리적인 동기가 확실해도 사람은 행동을 바꾸지 못해요.

나코시 사람들이 그걸 잘 이해하지 못하더라고요. 저는 정신과 의사이니까 제 경험을 바탕으로 말해보자면 플러스알파가 되는 실리를 제시해도 사람의 행동은 변하지 않아요. 상담을 할 때도 "이건 꼭 기억해두세요"라고 가장 중요한 사항을 끈질기게 말하는데도 실행하는 사람은 10퍼센트 정도밖에 되지 않아요. 환자가 실천하기를 바라며 끊임없이 이야기하면 상대방도 나름 이해는 하겠지요. 예를 들어 성인병 환자에게 "이렇게 하시는 게 몸에 좋습니다", "이렇게 하셔야만 해요"라면서 자료를 보여주고 의사의 입장에서 설명한다고 가정해보죠. 이건 실리를 위한 일인데도 대개의 사람들은 행동을 바꾸지 못해요. 바꾼다 하더라도 일시적이지요. 결국 플러스알파가 되는 실리는 사람을 움직이는 힘이 없어요. 진정으로 바꾸고 싶다면 삶의 어느 시점에서 지금까지의 내 뇌를 확 뒤집어엎지 않으면 안 돼요. 인생의 방향성 그 자체를 크게 전환하는 거지요. 드물지만 그렇게 하는 사람도 있어요. 많지는 않지만요.

요로 환경을 바꾼다는 게 참 중요해요. 분위기를 아예 바꾸는 거지요. 그러면 사람도 변하니까요. 저는 대학에서 30년 가까이 근무했어요. 3월 말에 퇴직하고 4월 1일에 바깥에 나갔더니 깜짝 놀랄 만큼 세상이 달리 보이는 거예요. 쉽게 이야기하면 '세계가 이렇게 밝았나' 싶은 느낌이었어요. 태양 에너지가 변한 게 아니지요. 제가 변한 거예요. 이 이야기를 저보다 먼저 퇴직한 사람들에게 했더니 다들 "그렇다니까요", "당연한 얘기예요"라고 동감해요. 저만의 착각이 아니었던 거지요. 열심히 했던 시절을 떠올려봐도 '왜 그런 일에 그렇게 필사적이었나' 싶고요. 대학에서 일하던 시절이 전생 같다고 이야기한 것도 그런 의미에서이지요. 자신이 늘 똑같지 않다는 사실을 진정한 의미에서 깨달은 것은 그때가 아니었나 싶어요.

나코시 무슨 말씀이신지 정말 잘 압니다. 산림테라피가 그런 효과를 줍니다. 회사 상사와의 문제라든지, 연인과 싸웠다든지, 헤쳐나가기 힘든 고민에 빠졌다든지, 화가 멈추지 않는다든지, 식욕이 사라졌다든지 등의 문제로 머릿속이 답답한 사람은 숲에 가는 게 좋아요. 지금 당장 말이지요.

요로 저도 종종 숲에 갑니다. 요전에 하코네 집 쪽에서 오소리 새끼와 어미를 보았어요. 토끼나 다람쥐도 보고요. 그것만으로도 행복한 기분이 들어요. 자신이 순식간에 변한다는 걸 제대로 이해하는 사람은 드물어요. 그래서 제가 자주 드는 예가 '암 진단을 받으면 주변이 달리 보인다'는 거예요. 자신이 암에 걸린 걸 알고 난 뒤부터 벚꽃의 아름다움이 보인다면 지금까지와는 다른 자신이 되었다는 말이지요. 진단을 받기 전에는 벚꽃이 어떻게 보였는지 생각나지도 않을 거예요. 그렇기에 '안다'는 것은 '내가 변한다'는 거예요. 어느 날 자신이 순식간에 변화하고 세계가 달리 보이는 경험을 반복하다 보면 궁극적으로는 죽음도 두렵지 않게 돼요. 어제까지의 내가 죽는 경험을 여러 번 반복해왔으니까요.

고민이 있다면 숲이나 산에 가라

나코시 숲이나 산에 가라고 말하면 다들 "일이 끝난 다음에"라든가 "시간적 여유가 생기면 가겠다"라고 이야기해요. 하지만 다른 사람에게 이야기할 수 없는 문제를 많이 안고 있는 사람일수록 문제를 안은 채로 가도 좋으니 당장 가라고 하지요. 의학적으로 봐도 효과가 있어요.

요로 지금 당장 가라는 거지요. 가보면 알게 되니까요. 걱정하던 문제 같은 건 아무래도 좋다는 사실을요.

나코시 정말입니다. 아무래도 좋다는 사실을 알게 돼요. 저도 '지금은 좀 바쁘니까 다음 달에는 꼭 가야지'라고 생각할 게 아니라 바쁠수록 빨리 가려고 해요. 숲도 좋지만 제가 처음에 그런 느낌을 깨닫게 된 건 절에 다니면서부터였어요. 진언밀교 사찰에 들어가면 머릿속을 점령하고 있는 세속적인 고민이 사소한 것처럼 느껴져요. 손을 합장하면 마음이 차분해지지요. 2년, 3년을 다니면서 '이것 참 놀라운 힘이로구나' 하고 느꼈어요. 말하자면 사회라는 구조에서 벗어났기에 나오는 감각이지요. 그에 따라서 내 기분을 상대화해서 바라볼 수 있게 돼요. '아, 그렇구나, 나는 상대적인 것에 고민하고 있었구나' 하고요.

요로 사람의 고민은 당연히 상대적인 것이지요. 그래서 죽음은 고민의 대상이 될 수 없어요. 죽음은 절대적인 것이니까요. 죽고 나면 나는 이 세상에 없으니까 고민할 필요가 없어요. 그걸 '죽음과 삶'이라는 식으로 관념적으로 상대화하니까 고민하게 되는 거예요.

나코시 그렇지요. 역시 가려면 빨리 가야 해요. 구체적이고 타산적인 문제를 안고 있을 때야말로 가야 한다고요. 그래서 "지금 가세요!"라고 말하지요.

요로 그래서 저는 2주거제를 인정하는 참근교대參勤交代(에도 시대에 막부에서 지방 대영주들의 권력이 너무 커지는 걸 막기 위해 정기적으로 수도인 에도에 거주하게 한 제도. -옮긴이)를 법제화하자고 이야기해요. 도시 사람은 시골로 가고, 시골 사람은 도시로 가는 거예요. 시골에는 빈 집도 많고요. 이렇게 강제하지 않으면 못 가거든요. 회사원은 월급도 받지 못하고 상사의 아량을 바라야겠지요. 한 달쯤 쉬면 책상이 없어지니까요. 하지만 법적인 의무로 만들면 모두가 할 수 있어요. 강제적이라도 좋으니 도시에서 지친 뇌를 시골에서 리셋하고 단련하자는 의미이지요. 무척 합리적이지요? 또 재해에 대비할 수도 있고요.

나코시 합리적이네요. 그렇게 하면 도시와 시골이라는 두 세계가 어느 한쪽에 치우치지 않고 균형을 유지할 수도 있겠네요. 지금 말씀하신 부분까지 포함하는 것이 아까 말씀드린 산림테라피예요. 막연한 고민을 끌어안고 있는 사람보다 현재진행형인 문제 때문에 마음이 답답한 사람일수록 가능하다면 산림테라피스트와 두세 시간 정도 숲을 산책하면 좋을 거예요. 여기서 호흡을 하자든가 눈을 감아보자는 조언을 들으면서요. 그러면 순간적으로 무대가 전부 바뀌는 순간이 와요. 자연 속에 들어가면 지금까지 자신이 초조해하던 문제가 커다란 사회 안에서 일어나는 아주 작은 현상에 불과하고, 사회 바깥에는 더 큰 세계와 자연이 있다는 사실을 머리가 아니라 몸으로 느끼게 되지요.

요로 유급휴가를 받아 산으로 가야 해요. 혹시 그거 아세요? 힘든 상황을 계속 참으면 타인에게도 그걸 요구하게 돼요. 나도 못 쉬고 참고 있으니까 너도 참아라, 쉬지 말라고 해요. 그 말을 들은 사람은 또 다른 사람에게 같은 요구를 해요. 관용이 없는 세계의 바탕에 깔린 사고방식이지요. 그래서 말에 의지하지 말고 밖에 나가서 체감하라는 거예요. 어떻게 체감하느냐는 다른 사람이 가르쳐 줄 수 없어요. 배울 수도 없고요. 그 장소가 가진 힘도 각각 다르고요. 느낀다는 건 그 장소와 동조한다는 뜻이니까 가보지 않으면 알 수 없어요.

나코시 절에 가서 마음이 가벼워졌거나 맑아졌다면 그 사람이 무의식중에 경내나 불상 등이 있는 절이라는 장소와 동조했다는 뜻이지요. 자연에도, 종교 시설에도 장소의 힘이라는 게 있어요. 장소와 동조하면 자신이 서 있는 위치와 자신의 역할이 바뀌니까요. 누군가의 반려자인 나, 누군가의 연인인 나, 회사 과장인 나는 자연 속으로 들어가면 아무 소용이 없어져요. 절에 가도 마찬가지이지요.

요로 문제가 해결된다기보다 주변의 분위기를 바꾼다는 것이지요.

나코시 네. 문제 그 자체를 다룬다기보다 오히려 무대가 변하는 경험이 더 강렬하지요. 거꾸로 말하자면 문제가 해결되었다 하더라도 무대는 변하지 않아요. 하나의 문제가 해결되어도 어차피 또 비슷하면서 새로운 문제가 차례차례 솟아납니다. 근본적으로 문제를 해결하려면 무대 그 자체를 바꿔야만 해요.

요로 그 사실을 다들 잘 모르고 있어요. 경험하지 못하니까요.

나코시 일단 해보면 아마 40퍼센트 정도의 사람들은 느끼게 될 거예요. 정확한 자료는 없지만 그 정도는 된다고 생각합니다. 물론 도시나 회사로 돌아가면 그곳의 가치관이나 세계관이 있으니 다시 원래의 상태로 되돌아가겠지만요. 하지만 원 상태로 돌아가더라도 그중 절반 정도의 사람들은 '왜 숲에서는 마음이 편했던 걸까' 하고 느낄 겁니다. '또 가볼까' 하고 생각하는 거지요. 혼자 다시 가기도 하고요. 그런 사람이 20퍼센트 정도 되겠지요. 그 정도만 도움이 되어도 괜찮지 않을까 싶습니다. 불교로 말하자면 '행'에 입문하는 사람들도 비슷한 경험을 해요. 좌선을 하고 난 뒤 "어땠습니까?" 하고 물어보면 "잘 모르겠지만 뭔가를 싹둑 끊어낸 느낌이에요", "상쾌한 기분입니다"라고 대답합니다. 뭔가를 느낀 거지요. "그게 새롭게 바뀌는 전환점입니다" 하고 말하면 무슨 말인지 잘 모르겠다는 표정을 지어요. 이전에 경험한 적이 없으니까 말로 설명해달라고 해도 무척 난감해요. 새롭게 바뀐다는 게 무엇인지 말로는 잘 전달하기가 어려워요.

요로　말로 잘 전달하기 어렵지요. 그렇기에 알려주려고 하기보다 해보라고 말하는 수밖에 없지요. 그 사람들은 뭔가를 싹둑 잘라낸 듯한 상쾌한 기분을 느껴서 다행이네요. 아느냐 모르느냐를 따지기 이전에 살아 있다는 것 자체를 생각할 수 있으니까요.

나코시 뭐랄까요, 걸으면 다리부터 느껴지고, 바람은 모공에서부터 느껴진달까, 그런 느낌도 표현하기에는 한계가 있지요. 뭔가를 알고 있다고 생각하더라도 그 상황 안에 자신이 들어가야지만 온전히 알게 되는 것과 비슷해요.

요로 산림욕을 하면 당연히 기분이 좋지요. 하지만 그 이치를 일일이 말하지는 않아요. "이런 걸 했더니 이런 식으로 기분이 좋아지더라.", "그래서 심신에 좋다." 그런 말은 필요 없지요. 예를 들어 화창한 날씨에 회의실이 아닌 숲속에 가서 나뭇잎이 바람에 살랑이는 걸 보면 기분이 좋아요. 말하지 않고 침묵하고 있어도 구름이 보이고, 푸른 하늘이 보이고, 나무가 보이면 그것만으로도 좋지요. 그 기분은 설명할 방법이 없어요. 알고 싶다면 스스로 가서 느껴야만 해요. 모두 각자 다른 식으로 느끼겠지요. 어쩌면 "그저 춥기만 했다", "피곤했다"라며 후회할지도 모르고요. 그건 그것대로 어쩔 수 없는 일이지요.

나코시 사방이 콘크리트로 둘러싸인 방에 틀어박혀 일만 하니까 부처님의 시대와 비교했을 때 본질을 간파하는 눈이랄까, 멀리, 그리고 넓게 보는 시각이 약화되었다고 생각합니다. 단순하게 말하면 가장 큰 이유 중 하나는 걷지 않기 때문인 것 같습니다. 의사의 입장에서 보면 '회의실을 벗어나 자연과 접한다'는 행동에는 심리 치료의 효과가 있습니다. 아침에 일어나 숲을 거닐면 이틀 동안 고생하던 숙취까지 해소될 정도니까요. 그래서 산림테라피가 있는 것이고 이것도 훌륭한 의료 가운데 하나입니다. 목적이나 동기야 어떻든 간에 '숲에 다녀온다'는 단순한 생각으로 가보는 게 좋습니다.

요로　그야 그렇지요. 요전에도 어느 기자가 너무 이치나 논리만 따지는 것 같아서 "수행을 하는 게 좋겠네요. 절에라도 다녀와요"라고 반 농담조로 이야기했더니 이튿날 하루 동안 기타가마쿠라北鎌倉를 돌고 왔어요. "일단 흉내만 내봤습니다"라면서요. 뭐든 좋아요. 가지 않는 것보다 가는 게 낫습니다.

나코시　저는 종종 사람들에게 이렇게 말합니다. 일본에는 많은 종교적 자산이 있으니까 그 덕을 보라고요. 일설에

의하면 전국에 절이 7만 7천 곳, 신사는 8만 8천 곳이 있다고 해요. 교토나 가마쿠라만큼 유명한 관광지가 아니라도, 어느 동네든 10분이나 15분만 걸어가면 절이나 신사가 나와요. 게다가 동네의 작은 절이나 신사는 입장료도 받지 않아요. 옛날 사람들이 남겨놓은 막대한 종교적 자산을 우리는 거의 무료로 이용할 수 있지요. 이건 정말 고마운 일이에요. 불교는 원래 일상생활에 파고드는 철학이고 가르침인데 이를 활용하지 못하고 있어요. 출장을 가거나 회의가 있어서 처음 가는 역에 내렸을 때 절을 발견하면 훌쩍 들어가서 아무것도 생각하지 않고 손을 합장하는 거예요. 일상 속에서 이런 시간을 갖기만 해도 마음가짐이 크게 변할 거라고 생각합니다.

요로 종교적 자산이 많은 가마쿠라에 사는 저도 그렇게 생각해요.

나코시 실제로 옛날 사람들에게 절은 친숙한 존재였어요. 고민이 생기거나 불안하면 절을 찾았지요. 그러고 보니 '무대가 바뀐다'는 이야기와도 연결되는데, 옛날부터 서로 칼을 들고 나서는 상황에서도 훌륭한 승려가 끼어들면 분위기가 확 바뀐다고 하지요. "스님, 싸움을 말려주세요"라는 부탁을 받고서 "무슨 일인가, 내가 가볼까" 하면서 "그래서 어떻게 된 일인가" 하고 스님이 묻는 사이에 상황이 금방 진정되거든요. 설득해서 말리는 게 아니라 스님의 존재 자체가 그곳의 분위기를 바꿔버리는 거지요. 최고의 해결 방법이란 그런 것입니다. 설득이 아니지요. 상담과도 통하는 부분이 있어요.

요로 애초에 설득해서 해결되는 일이 세상에 있을까요? 일반적으로는 설득으로 해결한다고 생각하지만, 사실은 시간이 지나면서 화가 누그러진다든가, 설명할 수 없는 다양한 일들이 얽혀 있는 등 다른 이유가 있지 않을까요? 그걸 설득의 효과라고 생각할 뿐이지요.

나코시 대부분 그렇겠지요. '아, 이제는 어떻게 되든 상관없어'라면서 화를 푸는 심리의 이면에 뭐가 있는지는 잘 알 수 없어요. 내면세계의 고민은 겉으로 보이지 않으니까 이해하기가 힘들지요. 머리를 다쳤다면 아프겠다는 걸 알지만 두통은 표면적으로는 알 수 없어요. 하물며 고민은 좀 더 복잡하잖아요. 즉, 격리되어 있는 고뇌이지요. 하지만 고민은 종종 상황이 변한 순간 "아" 하면서 꿈에서 깨어나는 듯한 때가 있어요. 반드시는 아니지만 그런 경우가 무척 많아요. '안다'라든가 '깨닫는다'는 말도 마찬가지예요. 어떤 계기로 인해 "아, 그렇구나" 하고 깨닫는가는 알 수 없지만요.

'방편'의 본질, '장소'의 힘

나코시 후쿠오카 현福岡県에 사사구리마치篠栗町라고 인구가 3만 명 정도 되는 읍이 있는데요. 이 읍은 여든여덟 군데를 도는 순례길을 200년 가까이 지켜오고 있어요. '야마토大和의 숲'이라 불리는 삼나무 군락도 있어서 무척 좋은 곳이에요. 전국 각지에 산림테라피 기지 인정 지역이라는 게 있는데 사사구리마치도 그중 하나이고요. 저도 강연이나 합숙으로 자주 가는 곳이에요. 무엇보다 제가 그곳을 무척 좋아해요. 산속에 있기만 해도 기분이 상쾌해지거든요. 숲속에 있는 절 본당에 두 시간 정도 멍하니 앉아 있기만 해도 도쿄나 오사카에서 한 달쯤 버틸 기력이 생길 정도예요.

요로 저는 하코네에 곤충을 보러 가요. 다녀오면 원고가 잘 쓰여요.

나코시 저도 똑같습니다. 사사구리마치에서 제자들과 합숙을 하면 정말 분명한 반응을 보여줘요. 합숙이 끝나면 "선생님, 좋은 경험이었어요. 놀라웠어요!"라고 눈을 반짝거리며 말하거든요. 마치 제가 훌륭한 상담을 했거나 대단한 가르침을 준 것 같은 표정을 지어요. 저 때문이 아니에요. 숲 덕분이거든요. 숲속을 걸으면서 절을 세 군데 정도 돌면 누구라도 생기를 얻을 거예요. 그래서 이전에 후쿠오카 텔레비전 프로그램에서 사사구리마치의 숲에 가보자는 기획을 했는데 그런 체험을 시청자에게 말로 설명하기는 무척 어려워요. 분명하게 설명할 수 없거든요. 그렇잖아요? "일단 가보라"는 말밖에 할 수 없으니까요. "선생님, 어떤 효과가 있습니까?"라고 물어도 저는 '일단 가보는 수밖에 없다'라고 생각하지만 텔레비전에서 그렇게 대답할 수는 없지요. 그래서 의식적인 말을 늘어놓으면서 설명하기는 하지만 아무래도 전달이 잘되지 않아요.

요로 저도 최근 텔레비전에 출연했을 때, "선생님, 그 목적은 무엇입니까?"라고 묻기에 "목적 같은 건 아무래도 좋습니다"라고 답했어요. 그러면 상대방은 쓴웃음을 짓지요.

나코시 저희 집 아이는 초등학교 3학년인데 가끔 둘이서만 집에 있는 날이 있어요. 그래서 산책이나 갈까 하고 걸어서 메구로目黒의 후도손不動尊(부동명왕不動明王을 본존으로 모시는 절. 정식 명칭은 류센지瀧泉寺. －옮긴이)에 갔어요. 아이는 "전에 가봤으니까 안 갈래"라고 했지만 "그래도 일단 가보자"라며 데리고 갔지요. 거기서 한 시간쯤 놀았을 뿐인데 아이가 무척 활기차졌어요. 표정이 순식간에 바뀌었지요. 조금 전까지만 해도 "가고 싶지 않다"고 하더니 "이 부처님은 빨간색이네. 왜 여기에 용이 있어?" 하고 묻기도 하고요. 돌아오는 길에는 마치 다른 아이가 된 듯했어요.

요로 왜 그런지를 설명해달라고 해도 할 수 없어요.

나코시 그리고 이것도 중요한 점인데요. 아이와 놀고 있으면 저 자신도 즐거워져요. 방편 이야기가 몇 번 나왔는데, 불교에서는 사람에게 친절히 대하는 방편을 실천하면 마지막에 깨달음을 얻는다고 말하잖아요. 아이와 시간을 보낼 때면 종종 '피곤하지만 할 수 없지. 아이를 위해 시간을 내고 나 자신을 희생해서……'라는 생각을 해요. 의식적으로 '자, 방편을 실천하자!'라고 하면 오히려 방편의 본질에서는 멀어지지요. 즉, 아이를 통제하려는 지배욕에 사로잡혀 있으니까요. 자원봉사 활동을 열심히 해서 주변 사람들로부터 훌륭한 사람이라는 칭찬을 듣고 있다 해도 스트레스를 잔뜩 받으며 봉사를 하고 있다면 본말이 전도된 것이지요. 우선 자신이 즐겁고 상쾌한 기분이 되면 아이는 그 분위기를 공유해요. 방편의 본질은 그런 쌍방 교류 안에서 깨달을 수 있다고 생각합니다.

요로 아이와 놀면서 나와 아이가 동조하고 있으니까요. 또는 절 내의 분위기와 동조하고 있는 거지요.

나코시 그렇습니다. 아까 장소의 힘을 이야기했는데 저는 도쿄, 오사카, 후쿠오카에서 심리학을 가르치고 있어요. 가끔 도쿄 사람이 후쿠오카 강좌에 참석하거나, 거꾸로 후쿠오카 사람이 오사카나 도쿄 강좌에 오기도 하거든요. 그래서 농담처럼 "자네들은 스토커 아닌가" 하고 말하는데 그러면 "아니요, 달라요. 선생님은 느끼지 못하시겠지만 말씀하시는 내용이 같아도 도쿄에서 듣는 것과 후쿠오카에서 듣는 것은 뉘앙스라든가 전달 방식이 전혀 달라요"라고 대답하거든요. 나아가서 "선생님이 아예 다른 사람 같아요. 저는 후쿠오카의 선생님이 좋아요"라고 말하기도 하고요. 강좌에서 똑같은 이야기를 하더라도 열을 올리는 지점이 전혀 다른가 봐요. 결국 장소의 힘으로 저 자신도 변하는 거지요. 그들은 그들대로 의미보다 감각으로 듣는 거고요.

변함없는 정보, 끊임없이 변화하는 나

요로 저는 종종 "현대인은 살 기회를 놓치고 있다"고 말해요. 인터넷에는 많은 정보가 있지만 그것들은 전부 죽은 정보니까요. 죽었다는 의미는 고정되어 있다는 뜻이지요. 내일이 되어도 변함이 없어요. 아무리 시간이 흘러도 정보는 늘 같아요. 하지만 인간은 정보가 아니고 자연도 정보가 아니지요. 제행무상이니까요. 그 사실을 혼동하고 있는 게 문제예요. 인터넷에 있는 것들은 다 그래요. 새로운 것들이 차례차례 나오지만 전부 그 상태로 고정되어 있어요. 분명 편리하지만 살아 있는 것이 아니지요. 그렇게 죽어 있는 정보만 바라보는 건 살아 있는 것과는 다르다는 사실을 인생 어딘가에서 깨달았으면 좋겠어요.

나코시 '끊임없이 계속 변화함'을 불교 용어로 말하면 '제행무상'이지요. 결코 영원한 것은 없어요. 지금 하신 이야기와는 대조적이에요.

요로 가끔 제행무상을 진지하게 생각할 때가 있어요. 《헤이케 이야기平家物語》(헤이안平安 시대 말기 일본 정계의 실세로 군림하던 무가 집안 다이라平 씨의 영화와 몰락을 그린 13세기경의 작품. –옮긴이) 첫머리에 "기원정사 무상당無常堂의 진혼의 종소리는 제행무상의 이치를 일깨워주고"라고 쓰여 있는데, 《방장기方丈記》(가모노 조메이鴨長明가 지은 가마쿠라 시대의 대표적인 수필. -옮긴이)에도 비슷한 의미를 가진 부분이 있지 않습니까. "물은 끊임없이 흘러가며, 그 물은 원래의 물이 아니니"라고 나오지요. 둘 다 가마쿠라 시대의 작품이에요. 일본의 중세는 참 흥미로운 시대라고 봅니다. 자연은 한순간도 같은 상태에 머물러 있지 않다는 개념을 처음으로 깨달은 시대거든요. 중세를 대표하는 책들이 첫머리부터 같은 이야기로 시작하고 있어요. 이는 당시 최대의 발견이 아니었나 싶습니다.

나코시 이야기의 시작이 그렇다는 건 그 시대에는 상당히 획기적인 일이었겠네요.

요로 그리고 종이에 적은 글은 책으로서 고정되어 있지요. 아까 말했듯이 정보가 되어 현대까지 남아 있어요. 그리스의 헤라클레이토스라는 철학자가 말했지요. "만물은 유전하며 자연은 끊임없이 변화한다"라고요. 만물은 끊임없이 변하는데 정보는 불변이에요. 그런데 사람들은 오

해하는 거예요. 정보가 변화하고 그걸 받아들이는 자신은 변화하지 않는다고요. 그 반대예요. 헤이안 시대도 정보화 사회예요. 그보다 훨씬 더 거슬러 올라가서 조몬 시대縄文時代(기원전 1만 3천 년경부터 기원전 300년 전에 해당하는 일본의 선사시대. —옮긴이)쯤에는 고정된 정보라는 게 없지요. 문자는 있었던 것 같은데 고정된 문헌 같은 건 남아 있지 않아요. 미나미규슈南九州에서 아이라 칼데라姶良カルデラ(일본 가고시마鹿児島 만 북부에 있는 해저 칼데라. —옮긴이)의 분화가 일어나 시코쿠四国로 도망가거나 기슈紀州로 옮겨 가는 등 이동을 거듭하던 황폐한 시대였으니까요. 이렇듯 일본의 역사에는 난세의 시대와 안정된 정보화 사회, 양쪽이 존재하지요.

세상을 읽으려면 밖으로 나가라

나코시 지금 하신 말씀을 들으면서 생각했는데 저는 이동하면서 살 수밖에 없는 유형의 인간인지도 모르겠네요. 저는 의대를 다녔는데 저처럼 머리 나쁜 인간이 의대를 다니려면 그야말로 귀에서 정보가 흘러넘칠 정도로 외워야 하거든요. 의학은 깊이 파고들거나 시행착오를 거치는 학문이 아니에요. 극도의 기억력 훈련이지요. 야구에서 같은 동작을 수백 번 반복하면서 연습하는 것과 같아요. 그렇게 몇 년을 공부해야 하는데 책상 앞에 줄곧 앉아 있다 보면 가끔 제정신이 아닌 것 같았어요.

요로 그게 정상이에요. 회사원도 딱딱한 회의실에 있기보다 밖에 나가 공기를 마시며 생각하는 게 나으니까요. 데카르트도 말하지 않았습니까. "세상이라는 큰 책을 읽기 위해 나는 서재를 나왔다"라고 《방법서설Discours de la methode》에 쓰여 있지요. 물론 그 얘기는 물리적으로 바깥에 나간다는 말이기도 하지만 틀에서 벗어나 다양한 경험을 쌓으라는 의미이기도 해요.

나코시 그래서 저는 오사카에서 순환선을 타고 빙글빙글 돌았어요. 그러면서 화학기호를 외우는 거예요. 전철이 덜컹거리는 가운데 외우거나 글을 쓰거나 했지요. 갑자기 발상이 떠오르기도 했고요. 밤에는 거리를 걸어 다녔어요.

걸으면서 외우는 거예요. 그렇게 심야에 혼자서 걷고 있으면 형사가 불심검문을 해요. 두 번 정도 그런 일이 있었어요. 한번은 근처에서 살인사건이 일어났거든요. 학생증을 보여줬더니 "알겠습니다. 주의하세요"라며 보내줬어요. 그때는 걸어 다니지 않으면 머리가 돌아가지 않았어요. 움직이며 돌아다니지 않으면 머리가 말끔해지지 않는 거예요. 선생님이 말씀하셨듯이 조몬 시대에는 어쩔 수 없이 이동하는 사람이 많았으니까 걸으면서 생각하기도 했겠지요. 인류의 일부가 일본 열도라는 장소에 다다르게 된 것 자체가 이동을 계속했기 때문이니까요.

요로　저도 걸어 다녔어요. 억지로 공부를 해야 했을 때는 꽤 많이 걸어 다녔지요. 걸으면서 외웠어요.

나코시　아, 선생님도 그러셨군요. 저도 완벽한 '산책파'예요. 걷거나 전철을 타면 국면이 바뀌면서 그때까지와는 이미지가 달라지기도 하고요.

요로　그래서 밖으로 나가라는 겁니다. 옛날부터 소요학

파逍遙学派라는 게 있었으니까요. '소요'란 산책을 뜻하는 말로 아리스토텔레스가 산책을 하며 강의를 했다고 하지요. 역시 사람이 살아가는 방식은 사이교西行(헤이안 시대 말기부터 가마쿠라 시대 초기에 활약한 승려이자 가인. －옮긴이)부터 바쇼芭蕉(에도 시대의 하이쿠 작가. －옮긴이)에 이르기까지 여행을 자주 하거나 여기저기 바쁘게 돌아다니는 게 아닌가 싶어요. 검술가 쓰카하라 보쿠덴塚原卜伝(일본 전국 시대의 검술가. －옮긴이)도 산속에서 혼자 살았다고 하지요.

나코시 제가 연구하고 있는 구카이空海(헤이안 시대 초기의 승려인 고보 대사弘法大師의 시호. －옮긴이)도 그렇습니다. 일본 전국을 돌아다녔으니까요. 그분은 지나친 게 아닌가 싶을 만큼 많이 돌아다니셨어요.

요로 가가와 현香川県의 저수지도 구카이가 만들었다고 하지요.

나코시 전국에 구카이의 전설이 없는 곳이 없으니까요. 이름난 샘이나 온천은 거의 구카이가 지팡이로 내리쳤더니 솟아올랐다는 전설이 있어요. 사실인지는 둘째 치고 이상할 정도로 이곳저곳 많이 옮겨 다니신 건 사실이에요. 또 지방 순회 극단의 배우도 있지요. 저는 그런 생활에 동경이 있어요. 지금도 도쿄, 오사카, 후쿠오카를 왔다 갔다 하는데 그러지 않으면 살 수 없을 것 같아요.

요로　곤충 채집도 그 전형적인 예예요. 곤충을 좋아하는 사람에게 "어이, 갑시다"라고 하면 반드시 같이 가니까요. 저를 포함해 그런 사람들을 회의실에 가둬놓으면 분명 머리가 이상해질 거예요. 사람이란 그런 존재이지요. 살아 있으니까요. 일흔이 되었든 여든이 되었든 어린아이 같은 마음을 간직하고 있어요. 곤충 채집을 하러 가면 다들 바보가 돼요. 사실 6월에도 네댓 명이서 타이완에 하늘소를 채집하러 갔어요. 안내해준 사람은 저우周 군이라고 베이징에서 곤충 농장을 경영하고 있는 타이완 사람인데 당연히 타이완도 잘 알거든요. 그에게 부탁해서 안내를 받았어요. 하늘소는 높이 날아오르니까 높은 곳에 있는 하늘소를 장대로 잡아요. 바보 같은 짓이지요. 하지만 즐거워요.

나코시 더없이 행복한 시간이네요. 장대는 얼마나 긴가요? 끈끈이가 붙어 있나요?

요로 아니요, 장대는 8미터 정도인데 끝에 망이 달려 있지요. 8미터 정도 되는 거리라도 뭐가 날아왔는지는 알 수 있으니까요. 아침부터 그러고 있으니까 오후가 되면 몇몇이 목이 아프다고 말해요. 당연하지요. 종일 위만 쳐다보고 있으니까요.

나코시 필사적이네요. 필사적으로 잡으려고 하면 목이 아프지요. 어렸을 적에 투구벌레 같은 걸 잡으러 갔을 때도 그랬으니까요.

요로 바보 같아 보이지만 사람은 그런 행동에 즐거움을 느껴요. 하지만 요즘 아이들은 곤충 채집 같은 걸 하지 않아요. 동틀 때부터 해가 저물 때까지 마음껏 노는 아이가 얼마나 있을까요. 거의 없겠지요.

5장

세계화는 절대적인 정의인가

'세계화 피로'와 대치하는 현대인

나코시 트럼프Donald John Trump가 2017년에 미국 대통령이 됐지요. 프랑스에서는 르 펜Marine Le Pen이 약진했고요. 지금의 세계는 포퓰리즘에 대한 불안을 말하고 있어요. 정신과 의사 중에서도 지금의 상황을 비판하는 사람이 많아요. 미국정신의학회APA라는 단체에 소속된 의사 서른다섯 명이 "정신보건 전문가가 트럼프에게 경고한다"라는 글에 서명을 해서 미국 신문에 실었지요. 트럼프는 타자에 대한 공감 능력이 떨어지는 인물로 자신의 정신 상태에 맞춰 현실을 왜곡한다, 말하자면 '트럼프는 병들어 있다'는 성명이에요.

요로 올 것이 왔다는 느낌이 들긴 해요. 트럼프 같은 사람이 나오게 된 시대 배경을 알 것 같아요.

나코시 필연적인 일인가요? 시대에 맞춰 출현한 정치가인가요?

요로 필연이랄까, 어쩔 수 없어요. 이 상황은 결과예요. 결과에는 원인이 있는 법이에요. 뉴스를 보면 백인 중산층의 불만이 크게 누적되어 있고, 유럽의 난민 문제도 기본적으로는 유사한 문제라서 이에 대응하기 위한 반란이 일어났다고 하지요. 물론 맞는 이야기이고, 이런 일들은 지나치게 횡행하는 세계화에 대한 저항이에요. 그중 하나로 트럼프는 TPP(Trans-Pacific Partnership, 환태평양경제동반자협정. 아시아-태평양 지역 국가 간 자유무역협정FTA으로서 협정 국가 전체의 관세 철폐 등 높은 수준의 포괄적 자유화를 목표로 삼고 있다. -옮긴이)를 인정하지 않지요. TPP란 세계화의 전형이니까요. 이렇게 격차가 벌어지면 세상이 조용할 수 없어요. 영국이 유럽연합을 탈퇴한 것도 그 뿌리는 비슷해요. 어느 국가든 내셔널리즘을 표방하는 정당이 표를 많이 얻고 있어요. 독일, 프랑스, 오스트리아 등이 그랬거든요.

트럼프가 대두하게 된 것도 당연한 흐름이에요.

나코시 하지만 많은 매체가 그렇게 생각하지 않았지요. 트럼프가 질 거라고 했어요. 일본의 매체도 미국의 매체도 선생님이 말씀하신 방향과 반대로 생각했어요.

요로 세계화 이야기가 나왔으니 말인데 최근 미국에서는 인종에 관한 사고방식이 꽤 바뀌었다고 하지요. 지금까지는 인종이 달라도 다들 섞여 사는 것이 옳다고 생각했지만, 결국 흑인은 흑인끼리, 백인은 백인끼리, 이탈리아인은 이탈리아인끼리 자연스럽게 모이게 되어 '인종의 도가니'라는 말이 실은 허구였다는 사실을 문화인류학 분야에서도 이야기하고 있어요.

나코시 아무리 시간이 흘러도 모자이크는 모자이크라는 이야기로군요.

요로 그렇지요. 가령 한 건물 안에 1층은 유대인이 살고, 2층에는 이탈리아인이 사는 식으로 작은 국가 같은 단위가 섞여 있는 것이지요. 유럽연합에서 영국이 탈퇴한 것처럼 이번에는 앵글로색슨 인이 "나는 미국에서 좀 빠지겠다"라고 하는 모양새예요.

나코시 세계화가 옳다는 분위기가 오랫동안 지속되었으니까요. 아직도 그렇고요. "트럼프는 미국의 세계화에 역행하고 있다. 그래서 괘씸하다"라는 분위기가 있어요.

요로 닛폰TV 위성 채널의 〈심층NEWS〉라는 프로그램에 출연해서 트럼프의 탄생은 '어쩔 수 없는 일'이라는 논조로 논평했더니 방송이 끝나고 같이 출연했던 기자가 "선생님은 신보수주의자세요?"라고 묻더군요. 트럼프를 받아들이느냐, 인정하느냐는 질문이지요.

나코시 학자인데도 세계화를 긍정하지 않느냐는 질문이군요.

요로 긍정하느냐 부정하느냐의 문제가 아니에요. 결과거든요. 결과를 만들어낸 원인이 무엇인가를 묻는 거지요.

나코시 왜 여러 매체나 많은 사람들이 이 상황을 결과라는 시점에서 파악하지 않는지 궁금합니다. 이를 인지하는 평론가도 많지 않아요. 결과로 파악해야 본질적인 과정, 즉 왜 이런 결과가 나왔는가에 대한 원인과 매체나 평론가 들이 근원적으로 안고 있는 기만이라든가 잘못을 깨달을 텐데요. 그런데도 '트럼프 현상이 일어났다, 큰일이다, 어떻게 대응해야 좋을 것인가'라는 방향으로 흘러가기 일쑤이거든요. 지금까지 자신들이 해온 방식이 이런 현상을 초래했다는 사고방식에 도달하지 못해요. 그래서 본질을 깨닫지 못하지요. 지금까지의 일상이 트럼프를 탄생시켰다는 부분까지 도달하지 못하는 거예요. "드디어 정치의 종말이 왔다"는 식으로 말하는데, 그게 아니잖아요. 정치의 종말은 역사상으로도 몇 번이나 있었어요. 당나라나 한나라, 주나라가 멸망했을 때도 정치의 종말 현상이 있었다고 하고요.

요로 신문에서도 "대중에 영합하는 포퓰리즘 노선은 안 된다"라고 사설을 쓰지만 대중이 다수결로 결정하는 것이니까요. 그렇다면 '민주주의란 무엇인가'라는 얘기로 흘러가게 돼요. 하지만 방향이 틀렸어요. 매체가 생각해야 하는 것은 대중이 왜 그런 선택을 하는가예요. 그걸 조사하고 글을 써야지요. “그를 뽑은 대중이 바보다”라는 식의 말은 아무런 설명이 되지 않아요.

나코시 교수가 학생들에게 시험을 보게 하고 결과가 나쁘다고 “학생들은 바보”라고 말한다면 교수 자격이 없다고 봐야지요.

요로 이상하지요? 왜 그럴까요? 이미 “세계화의 변화를 인정해야 한다”고 말하는 사람이 꽤 많이 늘어난 것 같아요.

나코시 그 현상 중 하나가 영국처럼 왜곡된 형태로 표출되는 것일까요?

영어에 대한 거리감

요로 과학의 원칙은 완벽한 세계화이지요. 과학적 진실

은 세계 어느 곳에서도 같은 거니까요. 이데올로기로서 과학의 법칙은 변하지 않아요. 예를 들어 영어로 논문을 쓰지 않으면 인정받지 못해요. 그게 세계의 규칙이에요. 즉, 글로벌 스탠더드에 맞추지 못하면 업적이 되지 않아요. 세계 어느 나라 사람도 다 영어로 논문을 써요.

나코시 하지만 요로 선생님이 대학에서 일하던 시절에는 그와 반대였지요. 일본어로 논문을 쓰도록 했으니까요.

요로 처음에는 영어로 썼어요. 처음 영어로 논문을 쓴 게 40여 년 전의 박사 논문이에요. 두 번째에는 심사위원이 "모어가 영어냐"라고 묻더군요. 논문을 쓴다면 영어가 모어인 사람만큼 쓸 자신은 있어요. 계산이나 읽고 쓰기를 할 줄 아는 일본인이라면 영어 작문쯤은 연습하면 할 수 있어요. 하지만 그 노릇을 10년 가까이 계속하자니 바보 같았어요. 참 귀찮은 일이잖아요? 영어로 글을 쓸 때도 하고 싶은 이야기는 머릿속에서 일본어로 맴돌아요. 영어보다 훨씬 정확한 문장으로요. 당연히 일본어로 쓰면 훨씬 빨리 쓸 수 있고요. 영어가 모어가 아닌 사람이 자신의 원래 언어 수준을 영어로 표현하기란 한계가 있다는 걸 깨달았어요. 게다가 상대방이 내 영어를 얼마나 이해하고 있는지도 알 수 없지요. 그 사이에는 벽이 있어요. 일본인의 뇌는 가나(일본 고유의 철자. 히라가나와 가타카나가 있다. - 옮긴이)를 읽을 때와 한자를 읽을 때 각각 다른 부분이 활동해요. 그래서 일본인은 영어가 모어인 사람보다 뇌를 두 배로 사용하는 거예요. 저는 어느 순간 영어로 논문을 쓰는 것이 바보 같다고 느껴져서 영어로 쓰기를 그만두었어요. 논문의 목적은 자신의 생각을 전달하는 거니까요. 영어를 공부하는 게 아니고요.

나코시 어떤 의미에서는 세계화에 반란을 일으키신 것 같네요.

요로 그렇지 않나요? 왜 논문 형식을 서구나 세계적 기준에 맞춰야만 하나, 그런 의문이 떠오른 순간 쓰고 싶지 않아졌어요. 지금처럼 도로가 발달한 환경에서는 시골에서 생활하려면 자동차가 꼭 있어야 하는 것과 마찬가지예요. 연료가 떨어지면 이동할 수도 없고 농사를 지을 수도 없어요. 그렇게 시스템화가 이루어진 상황에 저항하면서 과학을 계속하는 데는 내면의 갈등도 컸어요. 문부과학성(교육, 과학, 문화, 스포츠 등에 대한 행정 업무를 관할하는 일본의 행정 기구. -옮긴이)에서 초등학생부터 영어를 가르치겠다고 하는데, 그건 바보 같은 이야기라고 생각해요.

나코시 영어로 논문을 쓰지 않으면 학회에서는 당연히…….

요로 학회에서는 밀려나는 꼴이 되지요.

나코시 일본의 학회는 영어로 논문을 써야 한다는 논리가 있으니까요. 하지만 퇴직하신 이후에 책이 엄청나게 팔렸지요.

요로 퇴직하고 10년쯤 되었을 때였을까요. 책이 그럭저럭 팔리고 강연도 하면서 먹고살 정도가 되었어요. 세계화란 것과 싸우기는 상당히 어려워요. 그런 의미에서 철저하게 경제적으로 세계화를 진행시킨 곳이 한국이지요.

나코시　그렇네요. 1997년 아시아 통화 위기로 재정이 파탄에 이르렀고 IMF의 개입을 받아들이면서 집약형 경제가 되었어요. 동아시아에서는 세계화 경제의 전형이지요.

요로　지금도 커다란 실험이 이어지고 있는 모양인데 그런 의미에서 한국의 상황을 주시할 필요가 있어요. 한국의 기업이 열심히 일해 수익을 올려도 외국 투자가들이 이익을 가져가고 국내에는 혜택이 돌아가지 않아요. 그래서 시간이 지나도 경제가 나아지지 않아요. 일해도 나아지지 않는 상황이 된 거지요.

나코시　분명 다국적 기업의 전형적인 모습이라고 할 수 있겠네요. 그럼에도 '세계화가 옳다. 이대로 간다'는 논조는 계속되고 있지요. 일본의 매체들도 "한국의 세계화를 배우자"라고 말해왔으니까요. 서구의 정치가 막다른 골목에 이르기 시작한 지금, 한국의 세계화가 어떻게 될까도 문제예요. 일본에도 외국인 투자가가 있고 한국과 비슷한 세계화의 경향이 있지요.

요로 그 정도가 전혀 달라요. 일본은 아직 내수가 튼튼하니까요. 한국과 비교했을 때 다국적 기업의 비율도 훨씬 낮아요. 한국은 재벌 기업은 물론이고 은행조차 주주의 반 정도가 외국인이니까요. 게다가 한국은 수출 의존도가 국내총생산의 50퍼센트 정도를 차지하지요. 일본은 16퍼센트 정도일 거예요.

나코시 아무래도 한국은 내수가 약해서 무역에 의존하고 있지요. 일본은 수출입이 감소해도 당분간은 괜찮을 거예요.

요로 일본의 경우, 극단적으로 말하자면 필요한 건 석유뿐이에요. 그래서 석유 대금만큼만 수출로 벌어들이면 국가로서 존속할 수 있어요. 식량도 40퍼센트를 수입하지 않느냐고 하겠지만 휴경지도 많고 생산할 수 있는 기반이 있어요. 할 수 있는데도 하지 않고 외부에서 식량을 사 오는 구조거든요. 그러니 잠재적으로는 버틸 수 있는 기반이 있어요.

나코시 아까 말씀하신 '영어에 대한 거리감'과 지금 이야기가 연결되어 있는 것 같네요.

요로 네. 영어라는 언어뿐만 아니라 문화적인 차이를 어떤 식으로 이해하고 허용해야 하느냐는 문제가 있지요.

나코시 세계화는 기본적으로 차이가 없음을 전제로 이루어지니까요. 아까 말한 사무실 같은 것이지요. 전부 같은 기준, 같은 규칙에 따라 만들어져 있어요.

요로 그렇지요. 한 예로 독일의 메르켈Angela Merkel 총리가 "난민을 한 사람도 남김없이 받아들이겠다"라고 이야기했지만 그건 시리아의 불쌍한 소년 사진이 공개되면서 독일 국민이 감정적으로 반응했기 때문이에요. 그런데 메르켈 총리의 이야기를 환영한 사람이 폭스바겐의 최고경영자예요. 다국적 기업으로서는 그 사람들이 들어오면 지금까지보다 적은 월급을 주고 비슷한 능력의 사람을 고용할 수 있으니까요. 지금 일본도 그렇지요. 편의점 같은 데서 외국인이 많이 일하고 있어요. 외국인이 쉽게 일할 수 있도록 법률도 작년에 바뀌었고요. 그 결과 중국인이 늘어났어요. 중국인 말고는 대부분 정착하지 않아요. 중국인이 좋다, 나쁘다는 이야기가 아니라 중국인 노동자만 극단적으로 늘어나는 게 과연 좋은 일인지 따져봐야 한다고 말하면 "세계화니까 상관없지 않은가, 옳은 일이다"라는 논리로 대응해요.

나코시 '세계화가 절대적인 정의正義다'라는 생각이 하나의 벽이 되어 앞일을 생각지 않지요. 무언가가 절대적으로 옳다고 판단하면 세계가 그 옳음과 유익함을 반영하는 존재로만 보이는 게 인간의 한계라고 생각합니다. 이건 상대를 악으로 간주할 때도 마찬가지지만요. 세계가 자신의 강한 믿음을 반영하는 현장이에요. 그렇게 되면 사고가 막다른 골목에 다다르게 돼요. 비판적으로 이야기하자면 세계화에 대한 많은 담론이 그저 세계화가 옳다는 방향으로만 가는 게 아닌가 싶어요. 이미 방향이 잡힌 담론이니까 강한 힘을 갖고 있지만 그 결과로 일어나는 일들은 결코 긍정적이지만은 않지요. 경우에 따라서는 문화 붕괴가 일어나는 요인이기도 하거든요. 하지만 국내에 외국인이 급속히 늘어날 경우 생길 수 있는 문제나 더 고민해봐야 할 것들을 이야기하면 국수주의자라며 비판당하는 시스템이 이미 완벽하게 형성되어 있어요.

'벽'을 만드는 트럼프

요로 이야기를 미국으로 되돌리자면 세계화로 향하는 '정치적 올바름political correctness' 같은 커다란 흐름에 트럼프가 대들고 있어요. 그래서 해서는 안 되는 폭언을 계속 터뜨리는 거예요. 나코시 선생이 지금 이야기했듯이 세계화의 윤리 등에 대해 "나는 그런 건 인정하지 않는다"라는 폭언을 해요. 그러니까 벽을 만들겠다는 거지요. 트럼프가 재미있는 지점은 자신의 생각을 거침없이 정치적으로 제시하고 있다는 거예요. 재미있다고 말하면 화내는 사람이 있겠지만 이상한 현상이라는 건 재미있어요. 물론 그가 정말로 국민을 위해 정책을 내세우느냐는 지금 하는 이야기와 별개의 문제이지만요.

나코시 트럼프의 머릿속을 읽을 수는 없지만 말씀하신 방향으로 움직이고 있지요.

요로 트럼프가 취임한 이후 일곱 개 국적자의 미국 입국을 90일간 금지한다는 대통령령에 서명했잖아요. 사람들이 집회를 열고 국제 여론이 일제히 비난했지만 실제로 입국을 저지당한 사람은 280명 정도였어요. 한 해에 미국에 들어오는 이민자 수가 어느 정도냐면 무려 100만 명이에요.

나코시 100만 명에 비교하면 고작 280명이 아니냐고 생각할 수도 있겠네요.

요로 100만 명을 받아들이는 나라가 280명을 거절한다는 건 과연 무슨 의미일까요? 비교가 되어도 어쩔 수 없는데, 일본은 이민자를 거의 받아들이지 않아요. 말하자면 쩨쩨하다는 생각밖에 안 들어요. 트럼프도 그 대통령령을 일종의 본보기처럼 여긴 거고요. 실제로 큰 영향은 없었을 거예요.

나코시 현 상태에서는 별 영향이 없는 거네요. 하지만 신문에서는 그에 대해 보도했지요.

요로 그리고 세계화의 상징인 유럽연합에서 탈퇴하기로 한 영국에서 이번에는 스코틀랜드가 독립하겠다는 이야기가 나오고 있어요. 스코틀랜드는 세계화를 지향하니까요.

나코시 지역주의를 표방하는 영국과 그 안에서 세계화를 지향하는 스코틀랜드 사이에 뒤틀림이 생기고 있군요.

요로 뒤틀리고 있어요. 저는 세계 전체가 뒤틀리고 있다고 생각해요. 지금의 현상을 누군가가 "세계화에 대한 피로"라고 했는데 저는 그 말이 일리가 있다고 봐요. 나코시 선생도 아는지 모르겠는데 도쿄와 말레이시아의 스타벅스 커피 가격이 같아요. 글로벌 기업이니까요. 다들 세계화에 지쳐 있어요. 유럽연합도 그렇고요. 국가 사이의 관계도 인간관계와 비슷해요. 서로 어느 정도의 거리를 두어야 하느냐가 문제니까요. 부부도, 친구도, 전부 그렇잖아요. 공통의 규칙을 악착같이 정하고 너무 오랜 시간 동안 함께하다 보면 점점 피곤해지지요.

나코시 몇 십 년에 걸쳐서 세계가 '세계화가 절대적으로 옳다'고 믿어왔으니 슬슬 한계가 오고 있는 걸까요?

요로 메르켈 총리의 "난민을 전부 받아들이겠다"는 말이나 트럼프에 대한 반대는 다 일종의 원리주의예요. 현상을 냉정하게 분석한 다음에 나오는 이야기가 아니에요. 정치적 올바름이라는 원리주의를 가지고 이야기할 뿐이지요. 상황을 인정하지 않고 원리 원칙만 우선하는 게 원리주의이니까요.

나코시 어느 시대든 정치에서는 반드시 원리주의가 있었지요. 그러면 현실이 보이지 않게 되고 구체적인 논의가 사라져버려요.

요로 그렇게 된다고 생각해요. 확 끌려들어가는 거지요. 대학 분쟁도 그랬어요. 단카이団塊 세대(제2차 세계대전 직후인 1947년부터 1949년 사이에 태어난 사람들로 800만 명이 넘을 정

도로 사람이 많기 때문에 단카이〔덩어리〕라는 이름이 붙었다. ―옮긴이)는 다들 쇠파이프 같은 걸 들고 있었어요. 그들은 전후 민주주의(제2차 세계대전에서 일본이 패배한 이후 보급된 민주주의 사상과 가치관을 말한다. 명확한 개념이 있는 것은 아니지만 전후 민주주의의 공통적인 가치관으로는 헌법에 명시된 국민주권, 평화주의, 기본적인 인권의 존중이 거론된다. ―옮긴이)라는 기준밖에 배우지 않았으니까요. 그래서 나는 50년만 참으면 단카이 세대가 사라지고 일본이 좋아질 거라고 말해요. 원리만 따지는 세대가 사라지면 의외로 상식적인 사회가 될 거예요. 그리고 세계화의 한 전형이 일본의 농업이에요. 오구라 다카시小倉崇라는 분이 《시부야의 농가渋谷の農家(혼노잣시샤本の雑紙社)》라는 책을 썼는데, 이분은 시부야 빌딩 옥상에서 화분에 농사를 짓는 사람이에요. 이 오구라 씨가 유기농법으로 농사를 짓는 일본의 농가 열 곳을 취재해서 책을 썼어요. 내용이 참 재미있는데 유기농법은 한 가지로 설명할 수 없어요. 다들 방식이 다르거든요. 키우는 작물도 다르고 키우는 방식도 달라요. 땅을 갈지 않는 사람도 있고 비료도 다 다른 걸 써요. 비료를 주지 않는 사람도 있고요. 세계화와 반대예요. 유기농법으로 농사를 짓

는 비율은 전체의 0.5퍼센트밖에 되지 않아요. 농수성農水省(한국의 농림축산식품부에 해당하는 행정기관. –옮긴이)의 통계에도 나오지 않을 만큼 적은 숫자예요. 하지만 많은 농가에서 자기들이 먹을 만큼은 몸에 좋은 유기농법으로 농사를 지어요.

나코시 단기간에 적은 비용을 들여 많은 농산물을 수확해야 하는 합리성을 따진다면 유기농법은 손실이 크지요. 그래서 세계적 표준이 되지 못하는 거니까요.

요로 그 말씀대로예요. 저는 여기에 심각한 문제가 있다고 생각해요. 즉, 육아와도 직결되어 있어요. 아까 이야기했지요? 아이를 기른다는 건 논에서 벼를 기르는 것과 똑같다고요. 물론 실제로 그렇게 키운다는 게 아니라 사고방식이 그렇다는 거지요. 농약 범벅을 만들어 얼른 크게 키운 다음 수확량을 높이려고 하면 아이가 제대로 자라지 않아요. 아이는 다 다른 존재니까요.

그리스도교와 불교의 의식의 차이

요로 결국 세계와 지역 문제를 고민할 때는 사람에 대한 일반론, 즉 '사람은 어떤 존재인가'를 이해하고 각 국가 사람들은 어떻게 다른가를 이해하는 게 중요해요. 이 두 가지는 전혀 다르지요. 일반적인 법칙이 모든 경우에 성립하지는 않아요. 저는 이제부터 지역이 조금 더 강해지지 않으면 세계의 균형이 무너질 거라고 이야기해요.

나코시 그 문제를 고민하기 시작한 게 현대사회일지도 모르겠네요.

요로 말씀하신 대로예요. 지금까지는 일반적인 법칙으로 즉, 동일화해서 이해하려는 방향으로 계속 순풍이 불었어요. 이제는 세계화 일변도가 된 나머지 어디까지를 일반적인 법칙에 따라야 하고 어디까지를 개별화하느냐 하는 좌절감이 쌓이기 시작했어요. 때로는 일반적인 법칙에서 벗어나야 하지만, 지역의 원리를 주변에 너무 강요해도 전체가 무너지게 돼요. 트럼프를 위험하게 보는 이유는 그런 가능성 때문이에요. 다들 그 사실을 알고 있어요. 그리고 세계화에 대한 피로를 느끼기 때문에 유럽 지식인 중에서 불교를 좋아하는 사람이 꽤 많아요. 가마쿠라에서도 외국인이 좌선을 하는 모습을 볼 수 있어요. 그 모습을 보면 세계화에 대한 피로를 느낄 수 있지요.

나코시 분명 불교에 그에 대한 단서가 있겠네요. 저는 좀 더 심각한 시선으로 보게 됩니다. 서구인은 정복욕도 강하고 목적론을 갖고 움직이기 때문에 마음의 치유 같은 애매한 이유 때문이 아니라 그들의 과학적 견해 끝에 불교의 가르침이 있다는 사실을 깨달았다고 생각해요. 구카이의 가르침 중에 양자론量子論적인 사고방식이 있다는 사실을 깨달았던 이들이 독일인과 프랑스인이었잖아요? 불교 경전에 관해 논문을 쓰기도 하고요. 탐욕스럽게 연구하는 것 같아요. 이야기를 되돌리자면 극단적으로 한 가지 색깔만 넘쳐나는 경향에 대한 혐오감 같은 즉각적이고 생리적인 반응이 한꺼번에 분출되었다는 느낌은 저도 들어요.

요로 저도 일본과 유럽의 차이를 '의식'이라는 시점에서 줄곧 생각해왔어요. 사람이 하는 일은 결국 사람의 인식이 하는 일인데, 서구형 문명에는 신의 시점이 있어요. 자신 외에 고정된 지점이 있고 그게 세계를 만들었어요. 불교도와는 정반대예요.

나코시 불교의 시점은 자신에게 있으니까요. 좌선을 하는 것도, 깨달음을 얻는 것도 신이 아니라 자신이지요. 진언밀교에서 말하는 '월륜관月輪觀'은 마음속에 보름달(월륜)을 그리며 명상에 들어가 달과 자신을 동일화해서 최종적으로는 우주와 일체감을 느끼는 것이에요. 불교를 잘 알지 못하는 사람에게 이 이야기를 하면, 그리스도교에서 십자가를 쥐고 기도를 하는 것과 같다고 보는 사람도 있어요. 이 두 가지는 전혀 달라요. 불교에서는 우리 신체와 달이 서로 감응한다고 보지만, 그리스도교에서는 초월자인 신이 맞은편에 있고 그에게 기도를 올린다는 개념이니까요.

요로 알기 쉬운 예를 들자면 유체 이탈이 그렇지요. 유체 이탈은 누워 있는 나를 위에서 내려다보는 거예요. 이건 뇌 안에서 공간에 대한 인지가 격리되어 일어나는 현상으로, 뇌과학으로도 거의 설명이 가능하고 실험으로 만들어낼 수도 있어요. 그런 의식이 강한 사람이 있어요. 축구 선수는 공간 인식 능력이 높지요. 축구 선수를 포함해 공간 인식 능력이 높은 사람은 자동차 운전도 잘해요.

나코시 운전을 못하는 사람은 자기 시야에 들어오는 것만 보지요. 운전을 잘하는 사람은 고속도로에 나가도 전체적인 위치 관계를 인식하며 이해해요. 이쪽에서 보는 시점과 반대랄까, 이른바 신의 시점으로도 볼 수 있지요.

요로 그 능력이 강한 사람과 약한 사람이 있는데 저는 바깥쪽에서 보는 시점이 매우 약해요. 그래서 불교와 친한 것 같아요. 무언가가 강해지면 다른 게 약해져요. 반대 경우도 있고요. 전형적인 신의 시점 가운데 하나가 건축이에요. 건축은 신의 시점으로, 말하자면 오만한 시선을 가지고 만들지요. 저는 공간 설계에 대한 감각이 없어서 하라고 해도 할 수가 없어요. 누군가가 만들어놓은 집에서 입 꾹 다물고 잘 지내는 수밖에 없지요.

나코시 저도 선생님과 비슷합니다.

요로 재미있는 게 사카구치 교헤이坂口恭平('짓지 않는 건축가'를 표방하면서 국가 시스템과 자본으로부터 벗어난 생활을 모색하는 인물. 한국에 소개된 책으로 《나만의 독립국가 만들기》, 《도시형 수렵채집생활》 등이 있다. −옮긴이)라는 별난 지인이 있는데, 건축과를 나왔는데도 신의 시점으로 사물을 보지 못해요. 잘 안 되나 봐요. 그래서 그가 한 첫 연구가 종이상자로 만드는 집이었어요. 안쪽에서 바깥쪽을 바라보는 시점이에요. 아까 말한 신의 시점과는 반대지요.

나코시 재미있네요. 그리스도교와 불교의 의식 차이, 시점의 차이란 사물과 사람을 이해하는 데 중요한 지점이네요.

6장

의미를 찾다

감각을 잃어버린 사람들

인간은 어떻게 감각에서 멀어졌는가

나코시 앞에서 《사피엔스》를 쓴 유발 하라리 이야기가 나왔는데 그는 인간이 문화와 문명 등 모든 것을 만들어왔지만 인간의 행복을 역사적으로 연구하기 시작한 건 불과 몇 년 되지 않았다고 말합니다. 요로 선생님이 말씀하신 '의식'의 문제와도 연관되는 이야기라고 보는데요. 아무리 커다란 건물이나 선박, 기념비를 짓는다 해도 거기에 '의식' 혹은 '인식'이 존재하지 않는 한, 인간은 이를 실감하지 못한다는 거지요. 그런데 그 의식을 연구하지 않고 이것저것 만들기만 한다면 사람은 뭘 위해 살아가느냐는 겁니다. 매우 특이한 일이라는 거지요. 물론 그는 학자이므로 "내가 그에 대해 결론을 내릴 입장이 아니다"라고 말합니다. 이건 저도 정말 궁금한 이야기입니다.

요로 과학자에게 '의식'이란 금기예요. 과학계에서는 '의식'이 정의되어 있지 않거든요. 제가 일하던 시절에, 벌써 20여 년 전의 일이지만, '의식'이라는 요소를 논문에 넣었더니 그건 과학 논문이 아니라고 했어요. 학회에서도 다루지 않아요. 심리학이 되어버리니까요. 그런데 의사는 마취약을 사용해 환자의 의식을 좌우해요. "마취약을 사용하면 왜 의식이 없어지나요?" 하고 물어도 아무도 대답하지 못해요.

나코시 아, 듣고 보니 마취란 게 정말 그렇네요.

요로 학생이 마취를 가르치는 교수에게 그렇게 물었더니 정말로 화를 냈다고 해요. 아직까지도 과학에서는 의식에 대한 정의는 없어요.

나코시 건물이나 배, 기념비 같은 물체나 물질이 진짜이고, 의식 같은 건 가짜라고 생각하기 쉬워요. 하지만 물질을 확인하는 게 의식이지요.

요로 사람의 의식에 관한 논의에도 지나치게 추상적이고 다양한 의견이 나와 있어요. 사람의 의식은 동물과 다른 식으로 발달했어요. 아주 간단한 이야기인데요, 결국 동물과 인간은 딱 하나가 달라요. 인간은 '같음'이라는 능력을 갖게 됐어요. 쉽게 풀이하자면 '같게 만드는 힘'인데, 동물은 어떻게 다른가를 먼저 살펴보고 다시 이야기하지요. 동물은 말을 사용하지 않아요. 아니, 말을 사용할 수 없어요.

나코시 물론 그렇지요. 하지만 이름이 나비인 고양이를 "나비야" 하고 부르면 돌아보지 않습니까.

요로 돌아보기는 하지만 고양이가 반응하는 건 말을 이해하기 때문이 아니에요. 인간이 내는 목소리의 높낮이를 구분해 듣는 것뿐이지요. 저희 집에 '마루'라는 고양이가 있다고 이야기했는데, 제가 '마루'를 부를 때와 아내가 '마루'를 부를 때를 다른 소리로 인식해요. 이 두 가지 소리는 고양이에게 같은 게 아니에요.

나코시 소리의 높낮이로 구분하는군요. 반면에 우리는 '마'와 '루'로 구성된 같은 말로 인식해요. 절대음감을 가진 사람은 소리의 높낮이를 구분하겠지만 보통 사람은 그렇게 하지 못하지요.

요로 맞아요. 고양이는 절대음감을 갖고 있어요. 주파수로 듣거든요. 인간과 비교가 안 될 만큼 정확하게 세계를 파악해요. 한편 인간은 그런 세계에서 멀어져버렸어요. 아기 때는 음을 구별하는 듯하지만 말을 배우면서 점점 구별하지 않게 돼요.

나코시 그렇네요. 사람의 귀로 모든 소리를 분별해 인식하게 된다면 말은 필요 없으니까요. 아니, 필요 없다기보다 언어라는 공통의 도구를 사용한 커뮤니케이션이 성립하지 않게 되는 건가요?

요로 그렇겠지요. 말을 사용하려면 소리의 높낮이를 구분해서는 안 돼요. 우리에게는 소리의 질이나 높이가 달라도 '마루'는 '마루'이고 늘 같은 거예요. 이는 인간만의 능력이에요. 여기에 동물과 인간 사이의 커다란 벽이 있어요.

나코시 흥미롭네요. 말을 사용하려면 같은 것으로 만드는 능력이 반드시 필요하군요. 세 사람이 고양이를 "마루"라고 불렀을 때, 그 사람들은 다 같은 "마루"를 말한다는 사실을 이해하지만 고양이는…….

요로 전부 다르게 들리는 거지요. 고양이도 꽤 힘들겠지요.

나코시 지금 말씀하신 건 한 번도 생각해보지 못했어요.

요로 인간이 어떻게 감각에서 점점 멀어졌는가, 이에 대한 실험이 하나 있지요. 예를 들면 이거예요. (화이트보드에 검은 펜으로 '백 白'이라고 쓴다.) 이게 뭔가요?

나코시 백이지요.

요로 흑이에요.

나코시 아, 그렇군요. 그런 뜻이었군요. 감각으로 파악하면 흑이지요. 고양이라면 "흑"이라고 답했겠지요. 말을 할 수 있다면요.

요로 맞아요. 그러니 나코시 선생은 완전히 인간인 거예요. 의식에 점령당해 '문자'라는 규칙으로 보니까 '백'이라고 이해했어요. 하지만 하얀 고양이에게 "자, 이게 네 이름이다" 하고 보여주면 고양이는 분명 화를 낼 거예요. "장난하지 마라, 백이라면서 왜 흑이냐" 하고요. 세계가 완전히 달라요.

나코시 인간과 고양이 사이에는 커다란 벽이 있는 거로군요. 절대 뛰어넘을 수 없는 감각이라는 벽이요.

인간만이 아는 'A=B'

요로 '같음'에 대한 이야기로 되돌아가면, 대부분의 사람들은 꽃이 열 종류가 있다면 이 꽃들이 전부 다른 종류라도 통틀어서 '꽃'이라고 인식하지요. 그렇다면 여기서 무엇이 무시되는가. 바로 감각이에요. 감각을 무시하고 의식으로 생각해요. 감각으로 파악하면 모든 게 다른 법이에요. 다 다른 것 열 가지가 바람에 흔들리고 있다고 파악해요. 하지만 인간은 '아, 이건 전부 꽃이다'라고 정리해요.

나코시 사과라든가, 배, 무화과 등이 다섯 종류가 굴러다니고 있으면 우리는 이를 '과일'로 묶어버리니까요. 동일화해요. 감각은 '다름'이라는 세계를 만들지만 머리의 의식은 '같음'이라는 세계를 만들어요.

요로 좀 더 나아가자면 사과 다섯 개를 늘어놓아도 이것들은 전부 달라요. 동물은 벌레 먹은 사과와 깨끗한 사과의 '차이'를 감각으로 파악하는 것이지 같은 '사과'라는 개념으로 묶을 수 없어요. 사람은 그것들을 똑같이 '사과'라고 묶어서 부르지요. 동물은 달라요. 발달한 감각의 세계에서 살아가고 있으니까요. 감각만으로 살면 감각 자체가 무척 예민해져요. 예를 들어 개의 후각은 사람보다 1만 배 더 예민해요. 하지만 인간의 입장에서 보면 '왜 1만 배 더 예민한 후각을 가져야만 하나' 싶지요. 이해할 수 없어요.

나코시 우리는 감각으로 살아가는 것이 아니니까요.

요로 혹시 이 이야기 들어봤어요? 개는 대장암을 진단할 수 있다고 해요. 암인지 아닌지 냄새로 구별해요. 유명한 이야기예요.

나코시 어설픈 의사보다 훨씬 뛰어나네요. 뭐, 저도 의사이지만요.

요로 그렇다면 사람은 왜 '같음'이라는 능력을 갖게 되었을까요? 그건 뇌가 발달해서 커졌기 때문이에요. 예를 들어 침팬지와 사람은 유전자의 98퍼센트가 같아요. 하지만 침팬지가 할 수 없는 게 있어요. '같음equal'이 뭔지 파악하지 못해요. '3+3=6' 같은 건 할 수 있어요. 그런 구체적인 계산은 가능해요. 또 최근의 조사로 알게 됐는데 원숭이의 눈은 '카메라눈camera eye'이라고 해요. 본 것을 사진으로 찍듯이 화면으로 딱 기억해요. 그래서 숫자를 100개쯤 늘어놓고 보여준 다음에 뒤섞어도 어디에 무엇이 있었는지를 기억하고 있어요. 원숭이가 가진 초감각이지요.

나코시 뛰어나네요. 과연 인간과 98퍼센트의 유전자가 같은 동물답네요. 아니, 인간보다 낫네요.

요로 원숭이가 더 똑똑해요. 단, 'A=B'는 이해하지 못해요. A와 B가 같다면 B는 필요 없다는 거지요. 같은데 왜 두 개인가, 같은데 왜 형태가 다른가를 이해하지 못해요.

나코시 아까 말씀하신 백白 이야기와 똑같네요. 감각을 중요시하면 'A'는 'B'가 될 수 없어요. 'A'는 늘 'A'이지요.

요로 맞아요. 침팬지는 이 단계를 벗어날 수 없어요. 유전자의 98퍼센트가 같다고 해도 말이지요. 한 미국 학자가 자기 아이와 침팬지를 같이 키우면서 성장 과정을 비교했어요. 인간의 아이는 네 살 무렵이 되면 상대의 마음을 추측하고 자기를 상대방의 입장에 놓고 생각할 수 있게 된대요. 침팬지는 평생 그러지 못해요. '같음'이라는 의식의 작용이 인간만의 것이기 때문이에요. 나아가 인간은 'A=B'라면 'B=A'까지도 이해할 수 있어요. 수학에서 말하는 교환이지요.

나코시 교환법칙이로군요. '1+5'는 '5+1'이기도 하다는 것이지요. A가 B와 같다면 B도 A와 같지요.

요로 인간은 "A=B라면, 당연히 B=A이다"라고 말해요. 하지만 감각으로 보면 당연하지 않거든요. 왜냐면 좌항은 A인데 우항은 B이니까요. 눈으로 보았을 때 A와 B가 다른 건 명백해요. 재미있게도 중국인들은 이 사실을 옛날부터 알고 있었어요.

나코시 그런가요?

요로 조삼모사朝三暮四라는 말이 있지요? 송宋나라 저공狙公이라는, 원숭이를 좋아하는 노인 이야기인데요, 저공은 기르고 있던 원숭이들에게 도토리를 아침에 세 개, 저녁에 네 개를 주겠다고 했더니 원숭이들이 적다며 화를 냈어요. 그래서 다시 아침에 네 개, 저녁에 세 개를 주겠다고 했더니 좋아했다고 해요.

나코시 결국 전체 숫자는 똑같은데요.

요로 그렇지요. 인간은 '아침에 네 개+저녁에 세 개'와 '아침에 세 개+저녁에 네 개'가 같다고 생각하지만, 먹이 네 개를 먼저 받은 원숭이는 눈앞의 이익을 우선시하고 만족한 거예요. 결과가 같은데도 표면적인 이익에만 사로잡히는 건 어리석은 일이라는 고사성어예요. 하지만 이 이야기는 교훈을 넘어 상당히 본질적인 것을 담고 있어요. 동물과 인간이 어떻게 다른가를 이야기해주지요.

나코시 동물과 인간 사이에 있는 벽 같은 것이네요. 원숭이는 그 두 가지가 같다고 생각하지 않지요. 실제로 순서가 다르니까요.

요로 그래요. '아침에 네 개'와 '아침에 세 개'는 실제로 다르지요. 이러면 사람과 동물의 차이가 거의 설명되지요. 여기서 제가 이야기하고 싶은 것은 인간의 세계가 왜 민주주의화되느냐면 그게 '같다'는 의식으로 성립되기 때문이라는 사실이에요.

나코시 그렇네요. 사람과 사람을 같다고 생각하지 않으면 민주주의가 이루어지지 않지요. A씨와 B씨는 같은 인간이라는 사고방식이에요. 모두 평등하게 같은 권리를 갖고 있어요.

요로 당신과 내가 같다는 것이 민주주의이니까요. 그래서 사람은 상대방의 입장에 서서 생각해요. 전철 안에서 회사원이 발을 밟혀 울컥해도 '아, 이 사람도 지쳐 있겠지' 하고 상대방의 입장을 배려할 때가 있잖아요? 동물의 세계에는 그런 감각이 없어요. 침팬지는 그러지 못하는 거예요. 동물의 세계는 힘이 우선순위를 결정하고, 닭 같으면 '부리로 찍기'가 순위를 결정해요. 또 사람의 세계에서 '같음'은 최종적으로는 교환을 가능하게 한다는 점이 중요해요. 등가교환 말이에요. 돈은 물건을 같게 만드는 도구이지요. 교환할 수 없는 것이 없다는 뜻이에요. 그래서 "돈으로 살 수 없는 것은 없다"는 말이 있지요.

나코시 물건의 가치를 돈이라는 척도로 표현하고, 가치가 같다고 봄으로써 교환하는 것이니까요.

요로 교환은 A와 B가 같기 때문에 성립해요. 등가等価도 '같음'이지요. 여기서 중요한 것은 '같음'을 두 번 사용한다는 거예요. 같음을 제곱한 게 등가교환이에요. 그래서 생겨난 게 돈이고요. 동물은 이걸 절대로 이해하지 못해요.

나코시 한 번도 이해하지 못하는데 두 번을 이해할 수 있을 리 없지요. 그렇군요. "고양이한테 금화(한국 속담의 "돼지 목에 진주"라는 말과 유사한 의미이지만 맥락상 여기서는 '돈' 이야기를 하고 있으므로 그대로 옮겼다. -옮긴이)"라는 속담에 나오는 세계네요.

요로 "고양이한테 금화"라는 말은 시사하는 바가 많아요. 참 의미가 깊은 말이에요. 고양이는 금화의 가치를 절대로 알 리 없으니까요. 문화인류학자 레비스트로스Claude Levi-Strauss도 말했지요. "인간 사회는 교환에서 시작했다"라고요. 도토리 세 개와 밤 한 개가 '같다'는 물물교환에서 시작해서 마지막에 도달한 것이 돈이지요. 밤 한 개가 100엔과 '같다'면 100엔은 도토리 세 개하고도 '같아'요. '같음'의 제곱이지요.

나코시 그래서 인간은 해를 거듭하면서 '같음'을 추구하는 것이지요. 감각을 사용하면 '달라'지니까요.

의미가 넘쳐나는 데 대한 두려움

요로 상당히 깊은 의미가 있는 이야기이지요. 하지만 참 무서운 일이 아닌가 싶어요. '같음'을 추구하다 나온 게 회의실이거든요. 회의실에는 감각을 자극하는 게 없어요. 요즘에는 재떨이도 없지요. 건강을 생각하면 담배는 의미가 없으니까요. 모든 게 의미와 직결돼요. 회의실 창문 밖을 바라보면 나무가 살아 있지만 거기에 의미 같은 건 없겠지요.

나코시 없지요. 나무는 아무런 의미를 갖지 못한 채 그저 거기에 살아 있어요.

요로 등산을 하면 알게 되는데, 돌멩이든, 바람이 불든, 산은 의미가 없는 것들로 둘러싸여 있어요. 하지만 도시에 있으면 모든 게 의미를 갖게 돼요. 의미에 집착하는 사람들은 폭력적인 방식으로 자신의 생각을 표출하기도 해요. '이 사람들이 살아가는 의미가 있을까' 하고 생각하고 사람을 죽이게 되는 거예요.

나코시 열아홉 명이 살해당한 사가미하라相模原 사건(2016년 7월, 사가미하라 시에 있는 지적 장애인 복지시설에 전 직원이었던 사람이 침입해 열아홉 명이 죽고, 스물여섯 명이 중경상을 입은 사건. —옮긴이) 말씀이시군요. 살아 있는 의미가 없어서 죽였다고 하지요. 무척 상징적인 사건입니다.

요로 세계를 의미로 가득 채운다는 건 그만큼 무서운 일입니다. 이를 국가로서 실행한 게 나치스이지요. 의미가 있는 인종과 의미가 없는 인종을 멋대로 만들어내서요.

나코시 의미가 없으면 받아들일 수 없다는 거네요.

요로 그래요. 정보화 사회란 어떤 의미에서는 '의미화 사회'예요. 그래서 감각을 자극할 만한 것을 배제하고 사무실이라는 공간을 만들어내지요. 그런 곳에서 매일 일한다는 건 감각이 빠져나간 채 의식만 가지고 일하는 것과 마찬가지예요.

나코시 사무실은 '같음'이라는 규칙으로 표준화된, 세계화된 세계이니까요. 세계적 기준으로만 채워진 세계에서 한 걸음 밖으로 나오면, 그곳에는 다름이 있고 문화의 차이가 있어요.

요로 그래서 트럼프 대통령 이야기가 상징적인 거예요.

나코시 등가교환만 생각하는 회사의 입장에서 보자면 감각을 소거하는 편이 좋지요. 인간은 이를 암묵적으로 실행하고 있어요. 그렇게 해서 감각을 사용하지 않는, 뇌화된 세계를 만들게 되니까 "틀어박혀 있지 말고 밖으로 나가라"고 하는 거지요. 저도 학생들에게 "숲에 가라"고 이야기하고요. 오늘날의 일본은 남자들이 더 의식화에 휘말려 있다는 느낌이 들어요. 감각이 빠져나간 사무실에서 일만 하기 때문이라고 생각해요. 제 심리학 강의에 찾아오는 사람도 80퍼센트 정도가 여성이에요. 여성 쪽이 더 감각적이에요.

요로　그래서 더더욱 월급을 받으면 산이라도 가라고 말하는 거예요. 골프장은 자연이 아니라고 하는 사람도 있는데 그건 당연한 말이에요. 인간의 뇌가 의식을 바탕으로 잔디와 연못을 배치해둔 것이니까요. 그래도 회의실보다는 나아요. 골프장에서도 새가 지저귀고, 의미 없는 것들이 널려 있으니까요. 그래서 사무실에 갇혀 있는 평직원일수록 골프장에 가야 한다고 말하는데, 이 나라는 어째서인지 사장이라든지 부장 같은 높으신 분들만 골프장에 가요.

요로 의미란 바꾸어 말하자면 정보예요. 정보도 같은 것이지요. 정보화 사회라고 말하잖아요? 정보란 시간이 흘러도 변하지 않아요. 700년 전에 지어진 《헤이케 이야기》는 종이에 쓰여 있으니까 낡아서 제행무상의 결과로 썩게 돼요. 그래서 인간이 어떻게 했을까요? 나코시 선생도 잘 알지요?

나코시 디지털 데이터 말씀이시지요. 디지털로 정보화해서 변하지 않게 되었지요. 복사하면 A든 B든 다 똑같고, 게다가 영원히 변치 않고, 영원히 남아요. 자료는 죽지 않으니까 늘 유전하는 제행무상과는 대척점에 있지요.

요로 디지털 데이터화로 어떤 일이 일어났을까요? 드디어 인간이 '불사不死의 세계'를 실현하게 되었어요. 디지털이라는 양식은 죽지 않으니까요. 복사해서 클라우드에 올리면 영원히 데이터를 없앨 수 없어요. 인간은 자신이 죽는다는 사실을 알고 있기 때문에 '죽지 않는 것'을 추구해왔어요. 미국의 한 심리학자가 "죽음의 공포가 문명을 발달시켰다"라고 말했는데 그게 실현된 거지요. 사람들은 그다지 자각하고 있지 않지만요.

나코시 지금의 사회는 불로불사를 손에 넣은 거로군요. 말하자면 인공 장기 같은 것도 한 예가 되겠네요. 로봇 같은 존재지요. 〈우주소년 아톰鉄腕アトム〉(일본 만화의 아버지로 불리는 데즈카 오사무手塚治虫가 1951년부터 연재한 만화. 원자력을 동력으로 사용하고, 인간과 같은 감정을 갖고 있는, 소년을 닮은 로봇 아톰이 주인공이다. 일본 최초의 텔레비전 만화영화로 방영되었다. -옮긴이)의 세계예요. 이걸 의인화할 필요는 없겠지만요.

요로 그래서 인공지능이 나타났지요. 육체가 사라져도 알고리즘만으로 충분해요. AI가 바로 그런 거거든요. AI가 인간과 비교도 될 수 없을 만큼 뛰어나다는 느낌이 드는 이유는 인간이 가진 '죽고 싶지 않다'는 바람이 드러나기 때문이에요. 그 바람이 불사의 세계를 만들었어요. 우리는 죽지만 AI는 죽지 않는다는 시각으로 보면 언젠가는 컴퓨터가 사람을 지배하게 될 테지요. 이에 대한 소설이

나 영화도 많고요.

나코시 저는 데즈카 오사무의 만화를 보고 자란 세대라서 어린 시절에는 만화가가 되고 싶었어요. 그때 제가 생각한 미래는 AI가 지배하는 세계와 로봇이 지배하는 세계로 나뉘어 있었지요. 많은 SF영화가 로봇이 지배하는 세계를 그렸고, AI의 지배를 그린 영화는 스탠리 큐브릭Stanley Kubrick의 〈2001 스페이스 오디세이2001: A Space Odyssey〉(1968년에 공개된 영화로 신비로운 석상의 비밀을 밝히기 위한 우주여행이 기본 줄거리이며, 우주선의 컴퓨터 할HAL과 인간의 대립도 다루고 있다. -옮긴이) 정도밖에 없었거든요. 얼마 전 방송에 출연했을 때, 최근 AI의 동향에 대해서 취재를 했어요. 자료를 보면서 이제는 인류를 지배하는 게 로봇이 아니라 AI일 거라는 생각이 들었어요. 이미 정보를 검색할 때만 컴퓨터를 이용하겠다는 생각 자체가 소용없어졌으니까요. 의자에 앉아 책을 펼친 순간, AI가 이를 감지해 빛을 비추는 시대거든요. 기술이 여기까지 와 있는 거지요. 좋든 싫든 AI는 이미 사람들의 일상 속 깊숙한 부분까지 파고들어와 있어요. 인간의 통제하에 두겠다는 건 무리한 생각이에요.

요로 지금 하신 이야기를 듣고 있자니 이런 상상을 하게 되네요. 1000년 뒤에는 컴퓨터끼리 이런 대화를 나눌지도 모르지요. "그러고 보니 1000년 전에 인간이라는 생물이 있었는데 말이야." "맞아, 있었지." 그러면서 한 컴퓨터가 자료를 꺼내 "이거야, 이게 인간이야"라고 말하는 거예요. 컴퓨터가 세상을 지배하는 거지요.

나코시 AI가 신앙의 대상이 될지도 모르겠네요.

요로 맞아요. 인간보다 정확한 데다 영원히 살아 있으니까요. 벌써 "플러그를 빼라"라는 말이 나와요. 나는 "내가 빼겠다"고 하지요. 도망갈 방법이 그것밖에 없어요.

나코시 산이나 숲에는 콘센트가 없지요.

요로 어느 대담에서 이 이야기를 했더니 "요새는 스스로 콘센트에 연결할 수 있는 컴퓨터가 나와 있어요"라고 말하더라고요. 플러그를 빼는 것도 이미 불가능한 거예요.

나코시 〈신세기 에반게리온新世紀エヴァンゲリオン〉(1995년에 공개된 안노 히데아키庵野秀明의 텔레비전 애니메이션. 인류를 위기에서 구하기 위한 방편으로 로봇을 닮은 생체 병기 에반게리온이 만들어지고 이를 둘러싼 비밀과 조종사가 되어야 하는 소년소녀의 감정을 세심하게 묘사해서 한국에서도 큰 인기를 모았다. —옮긴이)에도 플러그를 빼는 순간 '앞으로 10분밖에 움직이지 못한다'는 설정이 있어요. 이 설정이 좋은 것 같아요.

요로 신앙이라는 단어가 나왔는데, 소멸하지 않는 세계를 일신교로 만들려 한다는 생각이 들어요. 개인적인 의견이지만 일신교는 피곤해요. 유럽에 여행을 갔다 돌아오면 늘 피곤함을 느껴요.

나코시 일신교는 '같음'에서 출발하고 있으니까요.

요로 예를 들어 사과, 배, 무화과, 밤, 도토리, 은행 등이 100종류가 있다고 했을 때, 아까 이야기했듯이 동물의 감각으로 보면 천차만별이에요. 하지만 '같음'이라는 능력을 사용해 '과일'이나 '나무 열매'로 묶어 정리하면 열 개나 스무 개의 그룹이 돼요. 이를 반복해서 '같음'으로 정리해나가면 어떻게 될지 짐작이 가지요? 마지막에는 우주 전체를 하나로 묶을 수 있어요. 바로 일신교처럼요.

나코시 그렇네요. 거꾸로 100개를 각각 늘어놓으면 만물이 신이 돼요. 모든 자연 안에 신이 있다는 사고방식과 같지요.

요로 곤충도 그래요. 제가 지금 바구미를 분류하고 있는데 사진을 보여주면 보통 "다 똑같네요"라고 해요. 하지만 전부 달라요.

나코시 곤충은 차이와 변화가 다양하잖아요. 세로축이 아니라 가로로 넓게 퍼지는 분류의 다양성이에요. 선생님 연구실에 가면 1센티미터 정도 크기의 곤충이 죽 늘어서 있는데, 언뜻 보면 색과 형태가 같아 보여요. 하지만 자세히 보면 배 끝부분이 다르다든지, 현미경으로 관찰하면 생식기도 다른 식으로 다양한 차이가 있어요.

요로　그래서 '같음'을 추구해온 인간 사회는 영원히 죽지 않는 데이터와 이를 관리하는 AI를 실현했어요. 그 끝에 있는 것이 일신교라는 종교겠지요. 일신교란 그리스도교가 그렇듯이 절대적인 유일신을 믿습니다. 다르게 말하자면 유일하게 객관적인 세계가 존재한다는 사고방식이에요. 하지만 불교는 축軸이 자신에게 있지요. 전지전능한 신이 무언가를 해주는 게 아니라 스스로 수행하고 스스로 깨달음을 얻어요. 본질적으로 전혀 다르지요.

나코시　모든 자연 안에 신이 있다, 만물이 각각 역할이 있는 신이라는 종교관은 도시적인 '같음'이라는 개념과는 상반되지요.

요로　지정학적으로 봐도 불교는 자연과 공존하며 널리 퍼져왔어요. 저는 종종 지도를 그려서 학생들에게 설명하는데요, 아시아의 불교 국가들은 전부 인도와 중국의 도시문명권을 둘러싸고 있어요. 예를 들어 인도를 중심으로 생각하면 북쪽이 부탄과 네팔, 남쪽은 스리랑카, 동쪽으로 가면 미얀마가 있지요. 다 불교 국가예요. 그리고 전부

변경이지요. 태국과 라오스, 베트남도 불교를 믿어요.

나코시 중국과 인도 사이에 있네요.

요로 그렇지요. 티베트와 몽골이 중국을 에워싸고 있지요. 일본도 그렇고요. 반면 중국과 인도에는 불교가 뿌리내리지 못했어요. 그 이유 중 하나는 중국이 도시화되었기 때문이에요. 도시는 의미화된 곳이지만 불교는 무의미한 것을 보는 시간이 긴 나라가 아니면 성립하지 않아요. 인도는 사회질서를 유지하기 위해 카스트제도를 선택했지요. 그래서 불교가 사라졌어요. 게다가 인도 사람은 불교를 힌두교의 일부처럼 보기도 하지요.

나코시 도시화하면서 인간관계에만 집중하면 아무래도 불교를 이해하지 못하게 되는 거겠지요.

요로 그런 의미에서는 불교도 분화했어요. 가마쿠라 불교 중에 니치렌종日蓮宗과 정토진종浄土真宗은 전형적인 도시 불교이고, 선종禅宗은 산속으로 들어갔어요. 저는 가마쿠라에 살고 있는데 절의 분포를 보면 시중의 절은 대부분 니치렌종이에요. 간사이 지방도 그래요. 동네 안에 있는 절은 기본적으로 정토진종이지요.

이타적인 사람과 이기적인 사람의 벽

나코시 구카이의 진언종真言宗은 산악 불교지만, 인간이 어떤 식으로 성장해야 최고의 경지에 도달할 수 있는가에 대해 상당히 우주적인 차원에서 글을 썼어요. 구체적으로 말하자면 인간의 마음을 열 단계로 나누어《십주심론十住心論》을 정리했어요. 첫 번째 단계는 번뇌에 싸인 마음으로서 일단 자신이 살아남는 세계예요. 그리고 두 번째 단계는 도덕에 눈을 뜬 이타적인 행동이지요. 타자의 이익을 꾀하는 행동이에요. 즉, 다른 사람과 행복을 나누는 게 쾌감이 되는 세계예요. 이 방향으로 가면 불교의 세계관에 가까워진다고 앞으로 나아갈 길을 제시해주지요. 세 번째 단계는 눈앞에 보이지 않는 세계의 구조를 알려는 행동이에요. 구카이의 말을 빌리면 신의 세계를 아는 것이지요. 이런 것들이 네 번째, 다섯 번째……, 열 번째까지 이어져요.

요로 세상에서는 이타적인 행동을 친절한 행동이라 하는데, 뇌과학에서 보자면 이를 무상無償의 행위라고는 할 수 없다는 의견이 있어요. 진화론에서는 유전자를 남기기 위한 이기적인 유전자라고 가정해서 문제가 되기도 했지요. 이타적 행동을 하면 뇌 안에 있는 '보상계'가 움직여요. 요컨대 기분 좋은 일이 일어났을 때 활성화되는 뇌 안의 시스템이지요. 도파민이 방출되거든요. 그래서 생활이 여유롭지 않아도 기부를 하면 기분이 좋은 거예요. 전철 안에서 젊은 사람이 노인에게 자리를 양보하면 자신도 '좋은 일을 했다'며 기분이 좋아지지요. 물론 기분이 좋아지지 않아도 그냥 양보해도 돼요. 자리를 양보하다 보면 기분이 좋아지는 순간도 있겠지요.

나코시 뇌 안에서 시스템이 개발되는 거로군요. '왜 자리를 양보해?'라고 생각했던 사람이 어느 단계에 가면 '기분 좋다'라고 느끼게 되지요. 구카이가 이를 단계론으로 논한 것은 첫 번째 단계인 이기적인 행동 단계에 있는 사람이 이타적인 행동을 하는 사람을 '바보'로 보기 때문이 아닌가 싶어요. 논리를 따지기 이전에 머리가 이상한 사람이라고 생각하겠지요. 구카이가 살던 헤이안 시대에는 뇌과학이 없었을 테지만 매우 과학적이랄까, 정합성이 있는 단계가 이미 그 당시에 확립되었으니 역시 불교는 대단하다고 다시금 생각하게 됩니다.

요로 회의실에 틀어박혀 돈 버는 데만 흥미가 있는 사람은 이타적인 행동을 거의 하지 않겠지요. 그들에게는 내가 손해를 보더라도 상대방을 위해 행동한다는 건 있을 수 없는 일이에요. 누군가를 위해 무언가를 하더라도 딱히 기분이 좋지 않으니까요.

나코시 한편으로 불교는 무서운 철학이라고도 생각합니다. 이른바 '나야 나 사기(주로 노인에게 전화를 걸어 "나야"라며 자녀나 손자를 사칭해 돈을 뜯어내는 보이스피싱 사기. -옮긴이)'에 속는 것도 친족에 대한 이타적인 행동의 하나예요. 세상에서는 '손자에게 애정을 쏟는 다정한 할머니', '불쌍한 피해자'라고 보지만, 불교에서 말하는 궁극적인 도

리인 승의제勝義諦(이치가 아니라 직관으로 깨닫는 진리, 또는 가장 뛰어나고 궁극적인 진리를 말한다. −옮긴이)로 보자면 그것도 집착이니까요. 애정을 가지고 가족과 접하는 것도 뒤집어 생각하면 집착이라고 갈파했어요. 그 집착을 버리라고 말하는 게 상좌부불교上座部仏教, 이른바 초기 불교이고 자기 해체를 통해 부처님 마음의 높이에서 보면 그 집착 자체도 맑고 아름답다고 하는 것이 대승불교입니다. 그래서 외부에서는 비교할 게 없고 내부에서 다시 해체하게 되지요. 이 이상 가는 전위적인 철학을 불교 외에는 보지 못했어요.

불편한 감정이 나를 키운다

위화감을 갖지 않으면 영원히 깨닫지 못한다

요로　이번 대담에서 "숲으로 가라"든가 "절로 가라"고 계속 이야기한 이유는 IT 기술이 아무리 발달하더라도 인공지능 안에는 숲이 없기 때문입니다. 오늘날 우리는 '사람은 왜 살아가는가'라든가 '나는 누구인가' 같은 가장 근본적인 주제로 회귀하고 있어요. 경제가 성장하고 국내총생산이 증가한 결과, 마음은 얼마나 성장했을까요? 거의 성장하지 않았을지도 모르지요. 저는 가끔 이런 이야기를 해요. 정치가가 "제가 이 다리를 만들었습니다"라고 하는데, 그건 그 사람이 만든 게 아니잖아요? 현대인이 오늘날의 사회를 보면서 "우리가 이룩한 이 문명사회"라고 말하는데 그 사람이 이룩한 게 아니에요. 지금은 유치해 보이지만 근본적인 질문을 들이대는 시대예요. 이 질문과 진지하게 마주해서 답을 내놓아야 하는데, 다들 생각해보려고도 하지 않고 다른 쪽만 보고 있어요. "그런 질문을 생각하기보다 세상을 편리하게 만들어야 한다"든가 "합리적이어야 한다"고 말해요. "어떻게 해야 행복해질 수 있는가." "어떻게 하면 죽음의 불안에서 벗어날 수 있는가." 이런 것들만 걱정하면서 물어봐요. 행복해지기 위한 가장 합리적인 방법을 가르쳐주기를 바라지요.

나코시 진정한 의미에서 원점으로 돌아가는 것 같습니다. 우리가 무엇을 해왔는지 되돌아보는 시대가 왔는데 과연 제대로 되돌아보고 있는지 확인해야 할 중요한 지점에 와 있네요.

요로 제가 늘 이야기하는 건데 인간의 시작은 0.2밀리미터 크기의 알이에요. 실러캔스Coelacanth(고생대에서 중생대까지 살아 있었다고 알려진 어류로서 1938년 남아프리카공화국에서 발견되었다. '살아 있는 화석'이라고 불린다. －옮긴이)의 알을 생각해본 적이 있나요? 이게 도마뱀붙이나 도마뱀, 새의 알로 진화하면서 사람이 되지요. 눈에 보이지도 않을 만큼 작은 알에서 시작한 존재가 "과학이다", "인공지능이다" 하면서 주제 넘는 이야기를 해요. 조금쯤은 겸허해져야지요. 이 대담에서 '타인에 대한 이해'라든가 '깨달음' 같은 거창한 주제를 이야기했는데 결국 '깨달음'의 뒷면은 위화감이라고 생각해요.

나코시 네. 위화감을 갖지 않으면 깨닫는 일도 없으니까요. 이상하다는 생각이 들면, 그 생각을 버리지 않고 마음에 간직해요. 그러면 어느 순간 꽃이 활짝 피기도 하지요. 빨간 꽃인지 하얀 꽃인지는 알 수 없지만요. 위화감이 생겼을 때 어물쩍 넘기면서 없애버리지 말고, 한 번이라도 좋으니 그 위화감을 마음속에서 꺼낼 수 있다면 그 사람의 인생은 분명 달라질 겁니다.

요로 저도 계속 그렇게 해왔어요. 머릿속에서 '이거 좀 이상한데?' 싶은 위화감을 계속 간직하는 거지요. 이상하다는 생각이 들면 그 원인은 내가 이상하든지 상대방이 이상하든지 둘 중 하나예요. 나를 바꿀까, 상대방을 바꿀까의 문제가 되겠지요. 요즘은 '상대방이 이상하다'라고 생각하는 쪽이 많은 듯하지만요. 저는 이를 불관용이라고 합니다. '위화감이 있다, 이상한 건 내가 아니다, 저 사람이다'라는 식으로 생각하고 상대방을 부정해요. 불관용의 극치이지요. 그래서 "존재하는 건 어쩔 수 없지 않은가"라고 말하는 거예요. '있어서는 안 된다'라며 관용을 베풀지 못하는 순간, 사람은 불관용에 빠지게 돼요.

나코시 마음에 위화감을 느꼈을 때 놀라는 건 괜찮지만 두려워하거나 부정할 필요는 없지요. 위화감을 '나쁜 것이다' 하고 부정하면 위화감을 꺼낼 수 없어요. 종교인류학자이자 제 스승이신 우에시마 게이지植島啓司 선생님이 "부처란 마음속에 있는 위화감이다"라는 명언을 말씀하셨어요. 자기 안에 있는, 절대로 동화할 수 없는 이질적인 존재를 선생님은 '부처'라고 하신 거지요. 부처란 아미타불처럼 자비로운 존재라는 고정관념이 있는데, 저는 두려운 존재라고도 생각합니다. 불벌佛罰(부처님이 내리는 벌. −옮긴이)이라는 것도 있고요. 그렇기에 우에시마 선생님이 포착한 방식에 한 방 맞은 듯한 느낌이었어요. 놀랍다고 생각했지요. 이 대담 첫머리에서 "알지 못해도 괜찮다"고 이야기한 이유는 '아무것도 생각할 필요가 없다'는 뜻이 아니라 지금 즉시 답이 나오지 않아도 좋으니 위화감을 계속 지니라는 이야기이지요. 처음에는 쇳덩어리처럼 딱딱했던 것이 마음에 지니고 있는 사이에 점점 녹아 흑설탕처럼 될 수도 있어요. 좀 더 녹으면 차차 소화되겠지요. 그게 한 달이 될지, 일 년이 될지, 더 걸릴지는 알 수 없지만요.

요로 의문이 생겼을 때 버리지 말고 끌어안고 살다 보면 10년쯤 지나 "아!" 하고 생각하게 되는 때가 종종 있어요. 왜 그런지는 알 수 없어요. 뭔가 이유가 있겠지요. 나코시 선생이 레지던트 시절에 갑자기 '사람의 마음을 알지 못해도 괜찮다'라고 깨달았던 것도 그런 경험 가운데 하나일지 모르지요.

'다 그런 거야' 라고 생각하면 사고가 정지한다

요로 위화감을 갖는 걸 중요하게 여겨야만 해요. 위화감을 가진 사람과 가지지 않은 사람이 같은 일을 하고 있을 때, 겉으로 보기에는 '두 사람 모두 같은 일을 하고 있다'라고 생각하겠지요. 같은 인간이니까 하고 있는 일에 큰 차이가 없어요. 하지만 위화감을 가진 사람의 결과와 가지지 않은 사람의 결과 사이에는 미묘한 차이가 있을 거예요. 이를 인생이라는 긴 척도로 본다면 분명 커다란 차이가 될 거예요.

나코시 아무런 자각 없이 타성에 젖어 살아가는 삶과 매일 한 시간이라도 의식적으로 자신의 시간을 가지려는 사람은 한두 달 동안에는 별 차이가 없겠지만 이삼 년 지나면 아마 따라잡기 힘들 정도로 차이가 생길 테니까요.

요로 게다가 위화감을 갖는다는 건 마음에 꽤 부담을 줘요. 위화감을 품고 살아가는 건 스트레스가 되거든요. 그래서 이 위화감을 없애버리는 편리한 말이 있지 않습니까? "다 그런 거야"라고요. 다 그런 거라고 생각한 순간 사고가 멈춰요. 예전에 학생들에게 "컵에 물을 붓고 잉크를 한 방울 떨어뜨리면 시간이 지나면서 잉크가 사라진다. 왜 사라지는가?" 하고 물었더니 다들 침묵하다가 "원래 그런 거 아닙니까"라고 대답해요. 얼마나 어처구니없는 대답인지. 위화감이 없으니까 생각할 필요가 없어지는 거예요.

나코시 저도 심리학을 배우는 제자들에게 늘 위화감을 가지는 존재가 되라고 해요. 말로 설명하면 좀 혼란스러워하지요. "선생님, 그게 무슨 말씀이에요?" 하고 물어보면 "나도 잘 설명할 수 없다"라면서 놔둬요. 그러면 생각할 학생은 생각해요. 예전에는 때리며 가르치는 선생도 있었지만, 불협화음이란 일부러 거친 목소리를 내서 일으키지 않더라도 대화로 혼란을 주어서 예정조화를 깨뜨리면 일어나거든요. 그러면 제자들은 '무슨 의미일까' 하는 일종의 위화감을 품고 일상을 보내게 돼요. 그렇게 살아간다는 건 의외로 힘들지도 모르지만요.

요로 그야말로 스트레스이지요. 그럴 때 저는 '나는 세상을 바로잡기 위해 태어난 게 아니다'라는 생각을 종종 했어요. 또 '사회는 내가 태어나기 전부터 있었고 내 형편에 맞춰 만들어진 게 아니다'라고도 생각했지요. 그렇게 정색하는 게 아주 중요해요. 하지만 위화감은 있어요. 위화감을 안은 채, 나 자신을 타이르는 거예요.

나코시 거꾸로 위화감을 전혀 갖지 않은 채 하루하루를 보내는 사람도 많으니까요.

요로 그런 사람들은 자신이 이 세상을 살아가는 게 당연한 일이라고 생각해요. 의식해서 그러는 게 아니에요. 생각하지 않고, 당연한 듯이 살아가는 사람도 있는 법이니까요. 위화감을 깨닫지 못하고 깨닫지 못하니까 생각하지 않아요. 그건 그것대로 딱히 뭐라고 말하고 싶지 않네요.

불편한 감정이 마음을 성장시킨다

나코시 가령 위화감이 있어도 사람마다 그 크기는 다르겠지요. 그리고 위화감을 생각할 때 한 가지 중요한 사항은 자신을 절대적인 정의의 위치에 놓고 "오늘날의 정치는 이상하다, 위화감을 느낀다"라고 말하며 분노하는 것은 우리가 말하는 위화감과는 다르다는 점입니다. 최근 모리토모 학원 사건을 보면서 "관료들이 알아서 편의를 봐주다니 용서할 수 없다", "있을 수 없는 일이다"라며 다들 화를 내지요. 화를 내는 것 자체는 우리가 말하는 위화감이 아닙니다. '그렇다면 나는 어떤가?'라든가 '나는 친척의 이익을 우선한 적이 없는가?' 또는 '응석을 너무 받아줘서 아이를 망치고 있지 않은가?' 이런 생각들이 심리학적인 위화감입니다. 위화감이란 스스로에게 불편함을 느끼게 하는 감정이고 이를 명확히 구분해야 한다고 봅니다. 그래서 더 의미가 깊지요. 높은 곳에서 사회를 내려다보며 화를 내기만 해서는 마음의 성장에 도움이 되지 않습니다.

요로 세상에서 말하는 위화감과는 의미가 다르겠군요.

나코시 80퍼센트 정도 다르지 않을까요? 오만한 시선으로

"이 사람은 틀렸다"라며 화를 내는 사람은 불교에서 말하는 무상無常을 알지 못해요. 제행무상 말이지요. 세상 모든 것이 한순간도 멈추지 않고 움직이고 있고, 모든 것이 '새로운 것'이며 같은 일이 반복되지 않아요. 어떤 감정이나 인간관계도 계속 변해가는 흐름 가운데 있을 뿐인데, '이 사람은 똑같은 행동을 할 것이다'라며 과거에 얽매여 고정관념을 가지고 '형편없는 인간'이라고 단정 지어요. 인터넷 악성 댓글도 그렇고 SNS에서 상대방을 비방, 중상하거나 입에 담기 어려운 말로 비난하는 것도 비슷한 행위입니다.

요로 고정관념이 바람직하지 않기 때문에 불교에서는 '색즉시공色即是空'이라는 말을 반복하는 거겠지요.

나코시 그렇지요. 불교에서는 고정관념을 뿌리침으로써 무지에서 벗어나는 것을 목표로 삼고 있으니까요. '이건 이렇게 정해져 있다'라고 믿는 것 모두가 '공空'이고, 감각과 인식이 전부 자유자재로 변화한다고 보지요. 타인을 내려다보는 사람은 자신이 고정관념에 사로잡혀 있다는 사실을 이해하지 못해요. 그래서 비평이나 비판은 매우 까다롭고 어려운 행위입니다. 이 사실을 사람들이 꼭 알았으면 해요. 물론 저 역시 이렇게 말하면서도 모르는 사이에 오만해지기도 하지만요.

요로 위화감을 계속 품고 살아간다는 것은 진정한 의미에서 인간의 체력이나 강인함을 시험하는 일이거든요. 위화감 때문에 생기는 스트레스를 견디는 것이 체력이고 강인함이지요. 그렇기에 산이나 숲에 가서 감각을 기르라고 계속 이야기합니다. 이를 견뎌내는 힘이 약하면 "다 그런 거야"라는 식으로 살아가게 돼요. 그러면서 "깨닫지 못하겠다", "알 수 없다"고 한들 이는 당연한 일이지요. 편함을 택한 순간 정신적으로나 육체적으로 견뎌내고 성장할 수 있는 힘이 약해지는 건 당연한 일이에요.

나코시 위화감이란 강한 호기심이나 흥미라고 바꾸어 말할 수도 있을 것 같습니다. 심리학을 배우고 싶다고 찾아오는 젊은이들 중에 심리학에 재능이 있는 학생은 대체로 많은 것에 흥미를 보여요. 거꾸로 심리학에 재능이 없는 사람은 자신에게 너무 집착해서 자신 이외에는 흥미가 없어요. '다른 사람은 나를 어떻게 생각할까'라는 생각에만 사로잡혀 있어서 "학생은 자신에게 너무 집착하고 있다"고 말해도 이해하지 못해요. 자신에게 트라우마가 있는 한 심리학에 대한 재능은 좀처럼 꽃을 피우지 못해요. 신기하게도 자신에게서 관심이 멀어지면 재능이 활짝 꽃을 피우고요.

요로 자신에 대한 관심이나 트라우마는 자의식이지요. 데카르트는 자의식에 대해 "나는 생각한다. 고로 나는 존재한다"라고 말했어요. 즉, 그것을 생각하고 있는 내가 있다는 것은 틀림없는 사실이고, 이 세상에서 분명한 것은 지금 생각하고 있는 나뿐이라는 말이지요. 자의식이란 바로 이것이에요. 요즘 사람들과 비슷하지요. '생각하고 있는 나밖에 없다'라고 생각해요. 지금까지 이야기했지만 이 자의식이 발단이 돼서 '같게 한다'는 의식화된 행위가 시작되었어요. 여기에 대립하는 논점이 불교에서 말하는 '무아無我'이지요. 생각하고 있는 자신 같은 건 없다고 말하니까요.

나코시 석가모니께서는 "제법무아諸法無我"라고 말씀하셨지요. 한마디로 말하자면 '나我' 같은 건 없다는 뜻입니다. 있는 것처럼 보이는 관계성, 즉 연기緣起에 의해 실체가 생겨나는 듯 보인다고 이야기하지요. 무척 전위적인 발상입니다. 사람들은 자신을 자신답게 만드는 불변하는 마음이나 혼, 의식 같은 게 있다고 생각하지만 불변하는 주체는 없어요. 그래서 제행무상이고 만물은 늘 변하는 것이지요. 물론 대승불교는 '나를 없애자'라는 사상에서 더 나아가 '커다란 나'인 우주와 일체가 되라는 방향으로 변해왔지만요. 자신에 대한 트라우마, 즉 타인의 생각과 평가도 순간일 뿐이고 늘 변화해요. 가령 '이 사람은 신용할 수 있다'고 생각했더라도 다음 날에 '거짓말은 하지 않지만 너무 안이한 사람이구나' 하고 생각할 수도 있지요. 내각 지지율처럼 정기적으로 자신에 대한 평가를 살피면서 마음을 졸인들, 팔십 평생은 눈 깜짝할 사이에 끝나거든요. 이런 시간 낭비가 또 어디 있겠어요. 생각했던 것만큼 성과가 나오지 않으니 더 좋은 평가를 받으려고 고민할 것이고 그렇게 되면 진짜 지옥에 빠지는 거예요. 역시 위화감, 호기심, 흥미 등을 버팀목으로 삼고 그런 스트레스를 견디거나 익숙해져야 하는 게 아닌가 싶습니다. 그렇게 2년, 3년 지내다 보면 예기치 못했던 부분에서 또 다른 위화감이 생기기도 할 거예요.

세상일을 전부 알 수는 없다

요로 사람은 그렇게 성장해가지요. 그래서 재미있는 거예요. 저는 종종 인생에는 알 수 없는 일이 산만큼 많다고 이야기해요. 이를 염두에 두면서 인내심을 가지고 노력하는 끈기가 필요해요. 시골에서 자연을 상대하다 보면 그 감각이 자연스럽게 길러지지요. 도시 사람들은 즉각적으로 답을 찾으려 해요. 사실 저는 세상사와 사물을 빨리 이해하는 인간이 아니에요. 무척 늦지요. 모르기 때문에 계속 생각해요. 타인이 지나가는 말로 한마디 한 것을 '그게 무슨 의미였을까' 하고 1년 가까이 생각하기도 하니까요. 지금도 그래요.

나코시 사실은 저도 그렇습니다. 특히 요로 선생님을 뵌 다음에는 늘 그렇거든요. 선생님은 "그냥 늘 하는 말"이라고 대수롭지 않게 넘어가시지만, '이런 의미였을까' 하고 생각하다가 반년, 혹은 1년이 지날 때도 있습니다. 선생님께서 자신이 빨리 이해하지 못하는 사람이라고 말씀하신들 사람들이 믿을까요? 전에 규슈九州에서 같이 강연을 했을 때 택시 안에서 하신 말씀을 듣고 정말 깜짝 놀랐어요. 기억하고 계신지 모르겠는데 제가 "나이가 들어 좋은 점도 있는 걸까요?" 하고 여쭸더니 "젊을 때는 책을 읽으면 정보는 머릿속에 계속 들어오는데 이해가 그에 미치지 못했어요"라고 대답하셨어요. 제가 "네? 그게 무슨 뜻인가요?" 하고 반문했더니 "눈은 계속 문자를 받아들이니까 다음으로 넘어가기는 하는데 이해가 미치지 못하는 거예요" 하고 대답하셨지요. 극단적으로 말하자면 눈은 다섯 쪽 정도 뒤를 읽고 있는데 머리는 다섯 쪽 정도 앞의 내용을 소화하고 있다는 말씀이셨지요. 그 말씀을 듣고 도저히 당해낼 수 없는 분이라고 생각했어요.

요로　인간의 뇌는 무의식적으로 다음을 읽어요. 왼쪽 페이지를 읽고 있더라도 무의식적으로 펼쳐진 책 전체를 보고 다음을 읽기 위해 뇌가 준비하고 있거든요. 요즘에는 눈도 나빠져서 책을 읽는 속도와 이해하는 속도가 잘 맞아요. 예전보다 평온한 마음으로 읽기 때문에 독서가 잘 되는지도 모르지요. 이런 변화는 정보를 뇌에서 받아들이는 속도가 달라졌기 때문이 아닌가 싶어요.

나코시 물론 무슨 말씀이신지 잘 압니다. 위화감과 호기심을 계속 품고 있으면서 그것이 무엇인가를 생각하는 것과 단순히 뇌에 정보를 입력하는 것은 다른 일이지요.

요로 요새 "아직 젊으시네요"라는 말을 자주 들어요. 보통 나이 든 사람보다 젊은 사람들이 위화감을 안고 있으니까요. 당연한 일이지요. 이 세계에 새롭게 참여하는 사람들이니까 그들의 머릿속이 위화감으로 가득한 건 당연한 일이에요.

나코시 위화감은 언젠가 꽃을 피우는 보물 같은 것이고, 젊은 사람이 위화감을 안고서 힘들고 괴로운 나날을 보내는 건 무척 좋은 일이지요. 스트레스를 받을지도 모르지만

적어도 그런 자신을 '이상하다'고 생각하지는 않았으면 좋겠어요.

요로 오히려 잘 이해하지 못한 채로 살아가는 게 희망적이에요. 그렇잖아요. 궁극적으로는 자신을 완성하는 과정이라고 생각하면서 살아가면 되니까요. 가치관을 남의 기준에 두지 말고 '나는 어떻게 살아가야 할까'를 생각하면서요. 평생에 걸쳐 인생이라는 작품을 만들면 되는 거예요. 다시없을 생명을 받았으니 다른 사람을 신경 쓸 필요 없이 내 생각대로 살자고 생각하면 그만이에요.

나코시 극단적으로 말하자면 세상일을 전부 이해하면 죽음밖에 없어요. 더 이상 아무런 재미가 남아 있지 않으니까요. 전에 로마네 콩티Romanée-Conti(프랑스 부르고뉴 지방에서 생산되는 세계 최고급 와인 가운데 하나. –옮긴이)를 한 번 마셔 본 적이 있는데요. 어떻게 표현하면 좋을까요. 지금 콕 집어 표현하기가 힘든데요, 따라잡기 힘든 맛이랄까요. 그저 "맛있다"라고 하기보다 표현할 수 없는 감각을 좇을 수 있어서 왠지 즐거웠어요. 단순하게 '맛있음'만을 찾는다면 배가 아주 고플 때 날달걀을 넣고 간장에 비빈 밥만 먹어도 세상에서 가장 맛있을 테니까요. 이해할 수 없는 감각을 추구해보는 게, 인간에게 마지막으로 남겨진 지적 욕구의 정수가 아닐까 싶습니다.

요로 뇌가 편함만 찾지 않도록 하려면 스스로 생각하는 버릇을 들일 수밖에 없다고 저는 늘 이야기해요. 저는 어린 시절부터 곤충을 관찰했는데 옛날에는 잡지나 인터넷 정보가 없어서 도서관에서 어려운 책을 빌려 열심히 읽었지요. 부족한 부분은 망상이나 상상으로 메우면서요. 그래도 부족하면 만져보기도 했지요. 이런 것이 다 호기심이에요. '알고 싶다'는 마음이지요. 와인도 좋고 곤충도 좋으니 재미있다고 생각할 수 있는가, 그렇지 않은가, 그리고 흥미를 가진 것에 '왜 재미있을까' 하는 의문을 갖고 있는가, 그렇지 않은가, 이것이 우리가 가져야 할 위화감이지요.

나코시 '모르는 것은 모르는 채로 살아가면 된다'는 생각은 절망적이에요. 저도 그런 경험이 있어요. 스키를 잘 타는 사람과 스키를 타러 갔다가 너무 실력 차이가 나니까 마음에 작은 절망이 생기더라고요. 거기서 '할 수 없지 뭐'라고 생각하는 건 자신에게 정열이 없기 때문이에요. 그래서 저는 정열을 갖고 있는 분야에서 포기할 거라면 10년 정도는 해보고 포기하는 게 낫다고 생각해요. 도달할 수 없는 무언가에 대해 여러 방식으로 접근해보는 거지요. 그 과정이 꽤 즐거울 수도 있으니까요.

요로 즐거워요. 일종의 중독이니까요. 성취감에 중독되는 거예요. 종종 저에게 "선생님, 그렇게 늘 어려운 것만 생각하면 피곤하지 않으세요?"라고 물어보는데 바보 같은 질문이에요. 당연히 피곤하지요. 하지만 동시에 정말 즐겁거든요. 안고 있는 위화감이나 수수께끼가 예상하지 못한 곳으로 흘러가면서 답이 나오는 순간은 한 번 경험하면 끊을 수 없게 돼요. 그래서 학자들은 모두 그런 성취감을 알고 거기서 벗어나지 못하는 이상한 사람들인 거예요.

나코시 저도 그 순간에서 벗어나지 못하는 사람 가운데 하나인 것 같네요. 알지 못하는 것과 만나고, 게다가 그것을 하고 싶어서 정열을 불태우면 불태울수록 가슴이 두근

거리지요. 무척 두렵기도 하지만 인생의 목적을 얻었기에 오래도록 젊음의 생기를 유지하면서 살 수 있다고 생각해요. 요로 선생님이 "아직 젊다"는 말씀을 듣는 것과 마찬가지입니다.

나코시 야스후미

名越 康文

요로 다케시

養老 孟司

타인을 안다는 착각

초판 1쇄 인쇄 2018년 5월 21일
초판 1쇄 발행 2018년 5월 28일

지은이 요로 다케시 · 나코시 야스후미
옮긴이 지비원
펴낸이 이상훈
편집인 김수영
기획편집 오혜영 이미아 허유진
마케팅 조재성 천용호 박신영 곽은선 노유리
경영지원 이해돈 정혜진 장혜정 이송이

펴낸 곳 한겨레출판(주) www.hanibook.co.kr
등록 2006년 1월 4일 제313-2006-00003호
주소 서울시 마포구 효창목길 6(공덕동) 한겨레신문사 4층
전화 02-6383-1602~3 팩스 02-6383-1610
대표메일 happylife@hanibook.co.kr

ISBN 979-11-6040-159-2 03180

■ 책값은 뒤표지에 있습니다.
■ 파본은 구입하신 서점에서 바꾸어 드립니다.